MARBURGER JAHRBUCH THEOLOGIE XIV

MARBURGER THEOLOGISCHE STUDIEN

71

begründet von

Hans Graß und Werner Georg Kümmel

herausgegeben von

Wilfried Härle und Dieter Lührmann

N. G. ELWERT VERLAG MARBURG

2002

MARBURGER JAHRBUCH
THEOLOGIE
XIV

ETHIK UND RECHT

herausgegeben von

Wilfried Härle und Reiner Preul

N. G. ELWERT VERLAG MARBURG
2002

Die Deutsche Bibliothek – CIP-Einheitsaufnahme

Ethik und Recht / hrsg. von Wilfried Härle und Reiner
Preul. -
Marburg : Elwert, 2002
   (Marburger Jahrbuch Theologie ; 14)
   (Marburger theologische Studien ; 71)
   ISBN 3-7708-1215-8

© by N. G. Elwert Verlag Marburg 2002
Printed in Germany
Satz/Layout: Sven Waske

INHALTSVERZEICHNIS

VORWORT

Der letzte Band des Marburger Jahrbuches Theologie stand unter der Frage: Woran orientiert sich Ethik? Dieser Band könnte auch überschrieben sein: Woran orientiert sich das Recht? Orientiert es sich etwa an der Macht, an Herrschaftsverhältnissen und partikularen Interessen oder an ideologischen Vorstellungen oder an der Stimme des Volkes? Da das *nicht* sein darf – schon deshalb nicht, weil das Recht ja dafür da ist, den Einfluss all solcher Faktoren zu regulieren bzw. einzudämmen –, kann die Antwort nur sein, dass das Recht sich am Ethos und an der Ethik orientieren muss: an ethischen Normen, Prinzipien und Wertvorstellungen. Dabei muss aber zugleich wieder mitgedacht werden, dass es eine aus sich selbst begründete Ethik, eine Ethik, die keiner weltanschaulichen oder religiösen Fundierung bedarf, nicht gibt. Wer von Ethik reden will, muss von mehr als Ethik reden – wie mehrere Beiträge aus dem vorhergehenden Band gezeigt haben.

Obwohl nicht zu bestreiten ist, dass geltendes Recht immer auch einen Einfluss auf die moralischen Vorstellungen in einer Gesellschaft ausübt, kann das Recht sich nicht an die Stelle von Ethik setzen. Es ist vielmehr selbst ein Gegenstand der Ethik, also auch der theologischen Ethik, und zwar in vierfacher Weise:

– erstens in der ethisch begründeten Forderung nach *Ausbildung* einer gesellschaftlichen Rechtsordnung;

– zweitens in der inhaltlichen *Grundlegung* der Rechtsordnung;

– drittens in der ethisch reflektierten *Begrenzung* der Rechtsordnung und der Rechtsansprüche sowie

– viertens in der Fundierung eines Ethos der *Rechtsbefolgung*.

Bei alledem muss dann natürlich noch auf die bereichsspezifische Ausfächerung des Rechts in Öffentliches Recht, Privatrecht, Internationales Recht, Strafrecht etc. ebenso Bezug genommen werden wie auf Rechtsphilosophie und Rechtsgeschichte.

Es liegt auf der Hand, dass ein Band des Marburger Jahrbuchs Theologie die Fülle der hier möglichen Themen und Probleme nicht aufnehmen kann. Dennoch seien einige Fragen genannt, die für einen theologisch-rechtswissenschaftlichen Dialog besonders relevant sind:

– In welchem Sinne und in welchen Grenzen kann die Rechtspflege der Gerechtigkeit dienen? Welchen Beitrag könnte die (reformatorische) Theologie anhand ihrer Quellen zu einem angmessene(re)n Verständnis von „Gerechtigkeit" leisten?

– Wie ist theologischerseits und wie ist auf Seiten der Rechtswissenschaft von Verantwortung und Schuld zu reden, und wie können theologische und juristische Bestimmungen dieser Begriffe in ein Verhältnis zueinander gesetzt werden?

– Inwiefern können das Recht und die Rechtspraxis zur Versöhnung zwischen Personen, Gruppen und Völkern beitragen?

– Wie sind die Grund- und Menschenrechte theologisch zu interpretieren bzw. zu begründen, und wie können sie angemessen operationalisiert und justiziabel gemacht werden?

– Welche Funktion kommt dem Rechtsinstitut im Rahmen einer christlichen Gesellschaftslehre zu, wie sie beispielsweise in der lutherischen Zwei-Regimenten-Lehre impliziert ist?

Das ist nur eine exemplarische Auswahl von Fragen, unter denen die nachfolgenden Beiträge gelesen und diskutiert werden können.

Den Kirchen, die uns als fördernde Mitglieder des Theologischen Arbeitskreises Pfullingen e. V. unterstützt haben, und den Förderern der Ruprecht-Karls-Universität Heidelberg sei wieder herzlich gedankt.

Kiel/Heidelberg, den 17. Juni 2002   Reiner Preul/Wilfried Härle

Konrad Stock

EINLEITUNG

1.

Wo immer Menschen miteinander in ihren alltäglichen Lebenswelten existieren, handeln sie nach Regeln. Sie folgen logischen und grammatikalischen Regeln in der sprachlichen Verständigung; sie folgen Regeln der Etikette, der Ma-
nieren und der Höflichkeit in der wechselseitigen Einschätzung ihres Status (etwa bei der Festlegung einer Sitzordnung); sie nutzen technische Regeln bei der
arbeitsteiligen Produktion der Mittel zum Leben; sie achten Spielregeln im Sport;
sie orientieren sich für ihre kultischen Begehungen an rituellen oder an liturgi-
schen Regeln. Und schließlich finden sie sich schon immer konfrontiert mit dem
Faktum rechtlicher Regeln, die im Verlauf der Rechtsgeschichte in den verschiedenen Kulturen eine – wie es scheint – wachsende Reichweite in Anspruch nehmen. Die alltägliche Lebenswelt einer Gesellschaft könnte gar nicht erzählt und
beschrieben werden, wenn man nicht die besondere Eigenart rechtlicher Regeln
im Verhältnis zu den vielerlei anderweitigen Regeln verstehen würde; und wenn
man nicht die besondere Eigenart rechtlicher Regeln verstehen würde, würde
man schwerlich die Tragweite begreifen, die den Formen der Rechtsgewinnung,
der Rechtssetzung und der Rechtspflege für die Geschichte einer Gesellschaft
und für ihre intersozialen Verhältnisse zukommt.

Das Lebensphänomen des Rechts und seine Bedeutung für die gemeinsame
Gegenwart zu verstehen, scheint *prima vista* die Aufgabe einer professionellen
Zunft, der gebildeten Rechtserfahrung und Rechtsklugheit (iurisprudentia) zu
sein. Diese hat sich seit der Begründung der Universität in der mittelalterlichen
Epoche der lateinischen Christentumsgeschichte mit ihrem theoretischen Interesse am Römischen Recht neben der Theologie als älteste Wissenschaft etabliert.
Für diese Aufgabe konnte sich die Rechtswissenschaft jener Epoche – anders als
etwa die islamische Rechtsgelehrsamkeit – an einer Synthese orientieren zwischen einer „philosophischen" und einer biblisch–theologischen Rechtsbetrach-
tung. Sie konnte also anschließen an die Bestimmungen der Qualität eines Gemeinwesens, die Platon im „Staat" und in den „Gesetzen" in ausdrücklicher Reaktion auf das Erlebnis der Verurteilung und Hinrichtung seines Lehrers Sokra-

tes entwickelt hatte, aber auch an die Erforschung der Verfassungsprinzipien
durch Aristoteles und schließlich an die rechtsphilosophischen Texte der kaiser-
zeitlichen Stoa; sie war aber auch informiert über die - die Rechtskritik der Alten
Kirche[1] aufnehmende - theologisch-politische Theorie in Augustins „De civitate
Dei" und über die christliche Prägung der kaiserlichen Gesetzgebung seit Kon-
stantin, wie sie im *Codex Theodosianus* und im *Corpus iuris civilis* Justinians kodi-
fiziert war. Kraft dieser Synthese entwickelte die Jurisprudenz jener Epoche ein
Verständnis des Rechts im Licht der Differenz zwischen *Naturrecht* und *positivem
Recht*, zwischen dem durch Gottes Schöpfungshandeln begründeten (ius divi-
num) und dem durch menschliche Rechtssetzung begründeten Recht (ius huma-
num), das auch die wissenschaftliche Theologie der Zeit bestimmte.[2] Wie immer
man den Rechtsbegriff eines Naturrechts und das Problem seiner Erkennbarkeit
beurteilen mag - wir haben es in der Legistik des hohen und des späten Mittelal-
ters ebenso wie bei den theologischen Rechtslehren der scholastischen wie der
reformatorischen Theologie auf jeden Fall mit Spielarten einer Interpretation des
Rechts aus der Perspektive des christlichen Glaubens zu tun; und zwar insofern,
als die Deutung und die Beurteilung des geltenden Rechts in den größeren Zusammenhang einer *ursprünglichen* oder *wesentlichen* Sozialität des menschlichen
Daseins gerückt wird, aber auch insofern, als die dem Recht - im Unterschied zu
anderen Regelungsformen - eigentümliche Funktion des *zwingenden Rechts* auf
das Faktum der uns Menschen alle beherrschenden Sünde bezogen wird, wie
dies namentlich in Luthers Obrigkeitsschrift von 1523 und in Calvins Institutio
geschieht. Es sei im Übrigen nur nebenbei daran erinnert, daß Calvin selbst und
ein maßgeblicher Teil seiner theologischen Schüler eine juristische (kanonische
und zivilrechtliche) Ausbildung genossen hatten und daß jene frühcalvinistische
Elite von der juristischen Kompetenz Tertullians beeindruckt war.[3]

---

[1] Vgl. Wolfram Kinzig, Römisches Recht und Unrecht in der Predigt der Alten Kirche, in:
Joachim Mehlhausen (Hg.), Recht - Macht - Gerechtigkeit (VWGTh 14), Gütersloh 1998, 407-
437 (Lit.!).

[2] Vgl den instruktiven Überblick von Theo Mayer-Maly, Art.
Recht/Rechtstheologie/Rechtsphilosophie V: Rechtsphilosophie und Rechtstheologie im Mit-
telalter: TRE 28, 216-227.

[3] Vgl. hierzu die große Darstellung von Christoph Strohm, Ethik im frühen Calvinismus.
Humanistische Einflüsse, philosophische, juristische und theologische Argumentationen sowie mentalitätsgeschichtliche Aspekte am Beispiel des Calvin-Schülers Lambertus Danaeus,
Berlin/New York 1996 (AKG 65). Strohm macht darauf aufmerksam, daß wie Calvin selbst
„ein erheblicher Teil der Theologen im frühen Calvinismus vor dem Dienst im Pfarr- oder
Lehramt der Kirche ein vollständiges Studium des Zivilrechts absolviert hat" (197) und daß
die Untersuchung der Einflüsse der Jurisprudenz auf den frühen Calvinismus ein Desiderat
der Forschung sei (197 Anm. 1; 228ff.). Zu Calvins juristischer Kompetenz 223ff.; zur Tertulli-
an-Rezeption bei Danaeus 39ff.; 301ff.

Die Tradition einer Deutung des Rechtsphänomens im Lichte jener Synthese von philosophischem und biblisch-theologischem Rechtsdenken geriet an zwei geschichtlichen Realitäten in eine bis auf den heutigen Tag nicht bewältigte Krise. Die erste dieser Realitäten ergab sich aus der mittelalterlichen (römisch-katholischen) Inanspruchnahme der politischen Herrschaft zur Exekution der kirchlichen Exkommunikation (der Kirchenadvokatur des weltlichen Regiments), die der reformatorische Einspruch[4] nicht zu überwinden vermochte und die jedenfalls zu den Ausgangsbedingungen des Dreißigjährigen Krieges zu rechnen ist. Die andere dieser Realitäten ergab sich aus der epidemischen Gewalt, die sich in der Geschichte der Judenpogrome[5], der Hexenverfolgung[6] und der Kolonialherrschaft der „christlichen" Gesellschaften Europas[7] zutrug, aber auch aus der desolaten Situation des öffentlichen-rechtlich geregelten Strafvollzugs und insbesondere aus der Grausamkeit der Leibes- und der Todesstrafen. Die Traditionen des christlichen Rechtsdenkens prallten vor der faktischen Gewaltbereitschaft wie vor der Brutalität der Untersuchungs- und der Strafrechtspraxis ab.[8]

Vor diesem Hintergrunde ist das Projekt zu sehen, im Rahmen der Säkularisierungs- und Modernisierungsprozesse der europäischen Aufklärung rechts- und staatsphilosophische Konzeptionen zu entwickeln, die die Leitdifferenz von Naturrecht und positivem Recht in einem religionsneutralen Sinne zu bestimmen und damit eine *allgemeine* Rechtsbegründung zu geben suchten. In der Rechtslehre der Kant'schen Metaphysik der Sitten (1797), in der die „Rechtspflichten" (die Materien des Privatrechts und des Öffentlichen Rechts) analog zu den „Tugendpflichten" aus dem Begriff der praktischen Vernunft und damit aus der Idee der Kausalität aus Freiheit deduziert werden, ist dieses Projekt in der Idee eines „Vernunftrechts" zu einem gewissen Höhepunkt gelangt, zumal Kant es zur Pflicht erklären konnte, eine Metaphysik der Sitten als Voraussetzung praktischer Philosophie zu „haben".[9] Denn mit der Idee des Vernunftrechts verbindet sich die Behauptung, daß die Rechtslehre selbst ein integrierender Teil einer E-

---

[4] Klassisch formuliert im 2. Teil von Luthers Obrigkeitsschrift.

[5] Vgl. jetzt in Kürze: Christhard Hoffmann/ Gerd Mertgen, Art. Judenverfolgungen I – III: RGG⁴ 4, 637–643.

[6] Vgl. in Kürze: Gerhard Schormann, Art. Hexen: TRE 15, 297–304; Jörg Haustein, Art. Hexen II: RGG⁴ 3, 1720–1722.

[7] Vgl. in Kürze Andrew F. Walls, Art. Kolonialismus: TRE 19, 363–369.

[8] Vgl. Richard van Dülmen, Theater des Schreckens. Gerichtspraxis und Strafrituale in der frühen Neuzeit, München 1985 = ⁴1995.– Einen Artikel „Folter" sucht man in TRE und RGG⁴ vergebens.

[9] Immanuel Kant, Metaphysik der Sitten, in: Wilhelm Weischedel (Hg.), Immanuel Kant. Werke in sechs Bänden, Darmstadt ⁴1975, 321.

thik (einer Sittenlehre) sei, weil die Ethik überhaupt das *Gebieten der Vernunft* zum Gegenstande hat und damit auch die besondere juridische Gesetzgebung legitimiert, die das „äußere" praktische Verhältnis von Personen zueinander regelt. Kants Rechtslehre entwickelt also rechtsethische Prinzipien des Privatrechts und des Öffentlichen Rechts, deren Verhältnis zum geltenden positiven Recht und den Kriterien seiner Entwicklung freilich im Unklaren bleibt, wie vor allem die Ausführungen über das Recht der häuslichen Gesellschaft zeigen.[10]

In der Rechtsphilosophie Hegels und in der philosophischen Ethik Schleiermachers ist die Kant'sche Interpretation des Vernunftrechts nicht aufgegeben worden, sondern in den Zusammenhang einer Theorie der substantiellen Sittlichkeit in ihrem geschichtlichen Werdeprozeß einbezogen worden – und zwar unter den Prämissen einer – sei es dialektischen, sei es dialogischen – Theorie des Selbstbewußtseins. Hegels Rechtsphilosophie beruht auf dem absoluten Begriff selbstbewußter Freiheit und erhebt von daher den Anspruch, die politische Ordnung von Anerkennungsverhältnissen als diejenige sittliche Realität aufzuzeigen, in der sich das Absolute als Geist selbst realisiert.[11] Insofern enden oder gipfeln die „Grundlinien der Philosophie des Rechts" in der Bestimmung der Bewegungsmomente der Weltgeschichte.[12] Schleiermacher hingegen entwickelt einen kategorialen Begriff des Rechts innerhalb einer Theorie des Ensembles sozialer Institutionen, die nicht nur den geschichtlich variierenden Zusammenhängen von Sitte und Recht Rechnung trägt, sondern die auch die Einwirkung des Christentums auf die Gestaltungen des Rechts und des den Rechtszustand garantierenden Staates zum Thema der theologischen Ethik macht.[13]

Nicht unbeeinflußt durch die faktische Dominanz der Naturwissenschaften und der Ökonomik mit ihrem Hang zu einem erkenntnistheoretischen Positivismus hat sich im Selbstverständnis der Jurisprudenz seit dem Anfang des 20. Jahrhunderts der *Rechtspositivismus* durchgesetzt, zu dessen bedeutendsten Entfaltungen die Reine Rechtslehre Hans Kelsens zu zählen ist.[14] Ersichtlich an der Annahme einer Dichotomie von Sein und Sollen orientiert, will er die Geltung

---

[10] AaO. 389 – 397.

[11] Ohne ihrer Verankerung in der „Logik" Rechnung zu tragen, hat Axel Honneth, Kampf um Anerkennung. Zur moralischen Grammatik sozialer Konflikte (stw 1129), Frankfurt a.M. 1994, Hegels Idee der Anerkennung systematisch auf die Idee der intersubjektiven Bedingungen personaler Identität weitergeführt. Natürlich bleiben dabei die metaphysischen (onto–theologischen) Prämissen von Hegels Anerkennungs–Figur auf der Strecke.

[12] Georg Friedrich Wilhelm Hegel, Grundlinien der Philosophie des Rechts, hg. von Johannes Hoffmeister (PhB 124a), Hamburg 1955 = ⁴1967, 288–297.

[13] Im Rahmen der Kritischen Gesamtausgabe hat Walter Jaeschke jetzt Schleiermachers Vorlesungen über die Lehre vom Staat ediert: KGA II/8, Berlin/New York 1998.

[14] Vgl. Ralf Dreier, Sein und Sollen. Bemerkungen zur Reinen Rechtslehre Kelsens: ders., Recht – Moral– Ideologie. Studien zur Rechtstheorie (stw 344), Frankfurt a.M. 1981, 217–240.

der rechtlichen Regeln im Rahmen einer Theorie der normsetzenden Willensakte begreiflich machen. Insofern setzt der Rechtspositivismus zwar nicht mehr die Idee eines Vernunftrechts, wohl aber die Idee der Rechtsstaatlichkeit und damit auch die Erwartung voraus, daß der Normgeber in seiner Rechtssetzung nicht Unrecht begehe. Es ist die traumatische Erfahrung eines systematischen Unrechtsstaates mit seiner Aufhebung der Gewaltenteilung (Gleichschaltung der Justiz und Verselbständigung der Exekutive), die bei einem führenden Rechtspositivisten wie Gustav Radbruch die Frage nach dem notwendigen Zusammenhang von Recht und Gerechtigkeit aufbrechen ließ. Sie ist die Frage nach den Kriterien eines *richtigen* Rechts sowie nach den Prinzipien einer strengen Selbstbegrenzung des politischen Souveräns, in der die Anliegen der klassischen Unterscheidung von Naturrecht und positivem Recht und die Traditionen des Gerechtigkeitsdiskurses präsent geblieben sind. Ihr gilt daher mit guten Gründen das Erkenntnisinteresse der „rechtstheologischen" Debatte nach dem Ende des 2. Weltkriegs, die im Bereich der protestantischen Theologie weniger von Tillichs Schrift „Liebe, Macht, Gerechtigkeit" als vielmehr von den problematischen Studien Karl Barths über „Rechtfertigung und Recht" (1938) und „Christengemeinde und Bürgermeinde" (1946) angestoßen worden war.[15]

Eine theologische Tagung über das Thema „Ethik und Recht" wird sich auf dem Hintergrund dieser wenigen Anmerkungen zur Theoriegeschichte die Frage zu stellen haben, wie das Leben in der durchaus angefochtenen Wahrheitsgewißheit des christlichen Glaubens – also das Leben in der *Ordnung der Liebe* und in der in ihr begründeten Hoffnung – mit dem Rechtsphänomen umzugehen hat. Mir scheint, daß die reformatorische Rechtslehre, wie wir sie in allgemeinverständlicher Diktion vor allem in Luthers Obrigkeitsschrift finden, trotz ihrer der Rechts- und Verfassungsgeschichte geschuldeten Grenzen für eine Beantwortung dieser Frage unter den politischen Bedingungen eines Rechts- und Verfassungsstaats nach wie vor vorbildgebend ist. Luthers Schrift entwickelt – aus gegebenem Anlaß – eine rechtsethische Urteilsbildung aus der Perspektive des *göttlichen Handelns*, in dem sich Gottes Streben nach der anfechtungslosen

---

[15] Vgl. hierzu: Ralf Dreier, Entwicklungen und Probleme der Rechtstheologie: ZEvKR 25 (1980) 20–39; Wolfgang Huber, Gerechtigkeit und Recht. Grundlinien christlicher Rechtsethik, Gütersloh 1996; Hans-Richard Reuter, Rechtsethik in theologischer Perspektive, Gütersloh 1996 (Öffentl. Theol. 8); ders., Art. Recht/Rechtstheologie/Rechtsphilosophie V: TRE 28, 227–245.– Es verdient doch zitiert zu werden, daß Karl Barth, Rechtfertigung und Recht (1938): ThSt 104, ⁴1970, 14 Anm. 11a, „die tadellos korrekte Haltung römischer Justiz in Sachen eben dieses Heilsmysteriums" (sc. der Tötung des Gottessohnes durch Pilatus) rühmend hervorhebt und ausdrücklich bestreitet, daß Jesus verurteilt worden sei. Biblisch–reformatorische Theologie kann eben zuweilen wunderliche Blüten treiben.

Gemeinschaft des ewigen Lebens realisiert[16] – und zwar so, daß Gottes Handeln jeweils *uns selbst* für sich in Anspruch nimmt und jeweils *uns selbst* in diese seine Geschichte einbezieht. Dies göttliche Handeln vollzieht sich unter den Bedingungen der faktisch unvermeidlichen Sünde, die Luther konsequent als unüberwindliche Gewaltbereitschaft – sowohl der normgebenden als auch der normunterworfenen Instanzen – charakterisiert. Auf diese unüberwindliche Gewaltbereitschaft (also auf dieses „Reich der Welt") bezieht Luther das göttliche Handeln in Gestalt sowohl des „*weltlichen*" als auch des „*geistlichen*" *Regiments* in der grundsätzlichen Unterschiedenheit ihrer Funktionen. Nun ist jedoch der Glaube dessen gewiß, daß jene unüberwindliche Gewaltbereitschaft, an der wir Menschen alle kranken und die der Glaubende in der Erfahrung des Gewissens an sich selbst erlebt, in der Person des demütigen, des leidenden Gerechten *verziehen und versöhnt* ist; und er ist dessen gewahr, daß diese Versöhnungsgewißheit zur lebensgeschichtlichen Wurzel der Liebe wird. Während nun diese Umkehr im Selbst der Person – in ihrer „Seele", ihrem „Herzen" oder in ihrem „Gewissen" – Ereignis wird ausschließlich im Zusammenspiel von äußerem Wort und innerem Wort, von interpretiertem Versöhnungswort und einleuchtendem Versöhnungswort, bedarf sie gleichwohl einer äußeren Friedensordnung, in der jedenfalls Rechtssicherheit herrscht. Auch sie besteht in einem Zusammenspiel zwischen der göttlichen Intention und einer spezifischen menschlichen Verantwortung. Aus diesem Grunde schärft Luther nicht nur die grundsätzliche Differenz zwischen der religiösen Kommunikation über Sinn und Wahrheit des Evangeliums und der Funktion einer sanktionsbewehrten Rechtsordnung ein, sondern er bestimmt auch die Mitwirkung der Glaubenden an der Rechtssphäre als einen spezifischen *Gottesdienst*, in welchem sich die Liebe zum Nächsten realisiert.

Nun mag es zu den Grenzen von Luthers Argumentation gehören, daß sie die konstitutionellen Regeln einer Selbstbegrenzung des Normgebers noch nicht zu ihrem Gegenstande machte, wie dies in den Debatten um die vertragstheoretischen Konzeptionen Jean Bodins und John Lockes geschehen ist. Gleichwohl beschreibt Luther im Lichte einer theologischen Funktionsbestimmung des Rechts Grundlinien einer christlichen Rechtsverantwortung, die sich über das Problem einer moralischen Verpflichtung zum Rechtsgehorsam hinaus in der Form von Rechtstugenden konkretisiert[17], die auch und gerade in dieser Gegen-

---

[16] Wilfried Härle hat in einem Beitrag zum 1. Bande dieses Jahrbuchs „Luthers Zwei-Regimenten–Lehre als Lehre vom Handeln Gottes" interpretiert: Wilfried Härle / Reiner Preul (Hg.), Vom Handeln Gottes (MJTh I), Marburg 1987, 12–32.

[17] Natürlich ist es auch Karl Barths Intention, Kriterien der politischen Mitverantwortung der „Christengemeinde" für die Gestalt politischer Gerechtigkeit zu formulieren (Christen-

wart in der Form einer *Billigkeitslehre* zu beschreiben sind.[18] Ungeachtet der moralischen Dilemmata, die die neuzeitliche Diremtion von Recht und Moral, Legalität und Moralität mit sich bringen mag, kommt in der Verantwortung für das Recht die Erwartung eines *göttlichen Richtens* zur Geltung, und zwar nicht im theokratischen Sinne des vorexilischen Israel, sondern im ausdifferenzierten Sinne des nachexilischen Judentums.[19] Sie orientiert die Mitwirkung der Mitglieder der Wahrheitsgemeinschaft des Glaubens am sozialen Funktionssystem Recht.

2.

In seinem Beitrag „Theologische Ethik und Rechtsbegründung" sucht *Eilert Herms* eine Antwort auf die Frage zu geben: *„Wie muß in der theologischen Ethik das Thema Recht und das Problem seiner Begründung behandelt werden?"* Herms beginnt seinen Gedankengang mit einigen Bemerkungen über die Möglichkeitsbedingung von Verständigung in einem ethischen Problem überhaupt. Diese Bemerkungen knüpfen zustimmend an das Programm der *Diskursethik* an, die notwendigen Offenheitsbedingungen des ethischen Diskurses zu beschreiben, werfen aber über das diskursethische Programm und damit über die Idee eines „zwanglosen Zwangs des besseren Arguments" hinaus die Frage nach der *hinreichenden* Bedingung für Verständigung auf und skizzieren die Beantwortung dieser Frage unter den Prämissen eines Begriffs von phänomenologischer Erkenntnis. Diese Frage muß jedenfalls dann gestellt werden, wenn man davon ausgeht, daß Phänomene des Sozialen, Momente des Zusammenseins gleichartiger, aber unverwechselbar verschiedener personaler Individuen nicht der Beobachtung, sondern nur der „teilnehmenden Erfahrung" gegeben sind, in der jener Gegenstand im jeweils eigenen Personsein als *zu verstehender Gegenstand* präsent oder erschlossen ist. Die Gegebenheitsweise dieses Gegenstandes bringt es nach Herms mit sich, daß sich der Diskurs notwendigerweise zugleich auf der Ebene *reiner* – den identischen, universalen, kategorialen Charakter der Verfassung des menschlichen Daseins betreffender – *Bestimmungen* und auf der Ebene *empirischen Verstehens* einer geschichtlich gegebenen „Ethosgestalt" bewegen muß.

gemeinde und Bürgergemeinde [1946], ThSt 104, [4]1970, 66). Problematisch ist jedoch die Begründung jener Kriterien in einer „Analogie" zwischen „Staat" und „Reich Gottes" (bes. 67), die diejenigen in ihrer theologischen Existenz hat scheitern lassen, die dieser Analogie gefolgt sind. Siehe zum Problem auch meine Überlegungen in: Gottes wahre Liebe. Theologische Phänomenologie der Liebe, Tübingen 2000, 242–250.

[18] Zur Billigkeitslehre in der humanistischen Jurisprudenz der frühen Neuzeit und bei Danaeus vgl. Christoph Strohm, aaO. 236–252.

[19] Siehe auch meinen Artikel „Gericht Gottes. V. Dogmatisch": RGG[4] 3, 736–738.

Diese damit gegebenen Hinweise auf die Bedingungen einer realiter gelingenden Verständigung haben Konsequenzen für die Einführung und für die Bestimmung der Termini „theologische Ethik" und „Rechtsbegründung".

Zunächst entwickelt Herms die Gründe, die es plausibel erscheinen lassen, unter dem Terminus „Ethik" eine Reflexionsgestalt zu verstehen, die der Selbstreflexivität eines bestimmten, besonderen, kontingenten Ethos Ausdruck zu geben sucht – eines Ethos, das eine Gemeinschaft dazu anleitet, die Ordnungen ihres Zusammenlebens in den Wandlungsprozessen der realen Geschichte aufrecht zu erhalten. Daraus ergibt sich *erstens* ein bestimmtes Verständnis der Zuordnung von „theologischer Ethik" und „philosophischer Ethik" bzw. von „religiöser Ethik" und „philosophischer Ethik", insofern als die Eigenart einer theologischen Ethik, ausdrückliche Reflexionsgestalt des christlichen Ethos zu sein, keineswegs als Widerspruch zu den Universalisierungsgrundsätzen einer „Ethik ohne Metaphysik" begriffen werden kann, sondern vielmehr als der exemplarische Fall von ethischer Theorie. Und daraus ergibt sich *zweitens*, daß weder eine „theologische Ethik" noch irgendeine anderweitige ethische Theoriegestalt – etwa die Rechtslehre in Kants „Metaphysik der Sitten" – das *Recht* als Lebensphänomen zu erzeugen oder fortzubilden vermag, daß jede ethische Theorie jedoch die Perspektive zu explizieren vermag, in der ihr ein Lebensphänomen wie das Recht erscheint.

Herms trägt zu dieser Explikationsaufgabe bei, indem er (1) den Ursprung, die Verfassung und die Bestimmung des menschlichen Personseins in der Perspektive der Daseinsgewißheit des Glaubens und (2) die damit gegebene Einschätzung des Rechts charakterisiert.

Was nun das christliche Lebens- oder Existenzverständnis anbelangt, so wird die Wiederholung seiner dogmatisch korrekten Lehrgestalt in den Termini einer Phänomenologie des Daseins „nachbuchstabiert", nämlich als lehrmäßige Beschreibung des „innerweltlichen Personseins" oder „Personlebens", das durch den in sich selbst dreifach bestimmten Willen Gottes des Schöpfers zur Gemeinschaft mit dem Schöpfer bestimmt ist, die als solche auf die Realisierung des göttlichen Versöhnungs- und Vollendungswillens ausgerichtet ist. Jene Dreifachheit des schöpferischen Willens ist demnach zu erfassen in einer dreifachen Selbsterschlossenheit (Gelichtetheit). Sie bildet den Horizont, innerhalb dessen das Lebensphänomen des Rechts als Inbegriff sanktionsbewehrter Regeln des Zusammenlebens freizulegen ist. Das geschieht in der Weise, daß (a) der Geltungsbereich des Rechts in seiner Allgemeinheit, (b) die distinkte Regelungsabsicht des Rechts in einer sozialen Formation als solcher (also die Regelungsabsicht des Bürgerlichen und des Öffentlichen Rechts) sowie innerhalb der christlichen Gemeinde (also des Kirchenrechts bzw. des Kanonischen Rechts), (c) das jeweilige Rechtssetzungsrecht und (d) die Kriterien eines *richtigen* Rechts erörtert werden. Herms sucht mithin – unbekümmert über dessen aktuelle öffentliche Einflußlosigkeit – einen Begriff des christlichen Rechtsverständnisses zu entwickeln, das dieses als die „Möglichkeitsbedingung für das Aufleuchten des lumen gratiae" versteht.

Während Herms das Lebensphänomen des Rechts im Lichte eines christlichen Begriffs des geschaffenen Personseins und damit als Element der Schöpfungslehre entfaltet, plaziert *Michael Beintkers* Beitrag „*Schuld und Strafe im Strafrecht. Einige Erwägungen aus theologischer Sicht*" die Analyse des staatlichen Strafhandelns in den Begründungszusammenhang der Rechtfertigung des Sünders allein aus Glauben, der sich auf die christliche Sicht der „Anwesenheit der Sünde" und die darin verwurzelte Deutung krimineller Schuld bezieht. Im Anschluß an die reformatorische Zwei-Regimenten-Lehre, die auch den Hintergrund von Barmen V bildet, macht er zunächst auf die grundlegende Unterscheidung zwischen dem Auftrag der Kirche zur öffentlichen Verkündigung von Gottes Vergebungshandeln und der politischen Aufgabe einer Rechtsordnung aufmerksam, die den Rechtsfrieden eines Gemeinwesens durch staatliche Strafverfolgung schützt. Gleichwohl sieht Beintker durch Äußerungen Luthers und Calvins die Frage aufgeworfen, ob nicht die Praxis der Vergebung als wesentliches Element des christlichen Ethos auch entscheidende Einsichten für die *Gestaltung* eines Strafverfolgung haben müßte.

Beintker beantwortet diese Frage, indem er zunächst den Begriff des juristischen Schuldprinzips entwickelt, sodann die Debatte über Zielsetzungen staatlichen Strafens untersucht und schließlich Kriterien des richtigen Strafens in der Sicht des Rechtfertigungsglaubens nennt.

Was den Begriff des juristischen Schuldprinzips angeht, so plädiert Beintker für eine „rechtspragmatische" Betrachtung, die sich zwischen einem moralisch-theologischen und einem rationalen Schuldverständnis bewegt, wie es der Idee eines reinen Resozialisierungsstrafrechts zugrunde liegt. Diese rechtspragmatische Betrachtung respektiert, daß die dem Schuldvorwurf zugrunde liegenden Normen auf dem Gesetzgebungsrecht beruhen und daß die Strafzumessung die besonderen Bedingungen individueller Schuldfähigkeit zu beachten hat. Sie zielt zugleich darauf ab, den Täter als verantwortliches Rechtssubjekt zu begreifen, dessen Resozialisierung eben an die Schuldeinsicht geknüpft ist.

Mit dieser rechtspragmatischen Betrachtung ist die Bewertung der Debatte über den Strafzweck gegeben, die Beintker nach dem Obsolet-Werden des Vergeltungsmotivs in die Kombinatorik der Motive der Generalprävention, der Spezialprävention und der Sühne münden sieht. Diese Bewertung orientiert sich an dem Kriterium der „menschlichen Zukunft des Verbrechers" und damit an dem Interesse, auf die „profanen Auswirkungen der Vergebungszusage" zu achten, die Beintker abschließend in „Berührungen zwischen dem Recht und einem an der Schuldvergebung orientierten Handeln" deutlich macht.

Michael Welker geht dem Thema „Moral, Recht und Ethos in evangelisch-theologischer Sicht" nach. Sein Gedankengang beginnt mit einer Analyse der Ambivalenz von menschlicher Selbststeuerung und Selbstgefährdung durch Moral, Recht und Ethos. Diese Analyse bezieht sich kritisch auf die hochgemute Erwartung der Moralphilosophie der europäischen Moderne, mit dem Konzept der „autonomen Person" den Trends der Selbstgefährdung und der Selbstzerstörung der moralischen Kommunikation entgegenwirken zu können. Ihr gegenüber sucht Welker zu zeigen, wie diese Erwartung an Voraussetzungen gebunden ist, die erst der Rückgriff auf das Recht garantiert. Infolgedessen muß angesichts der Selbstgefährdung der menschlichen Selbststeuerung die wechselseitige Durchdringung von Recht und Moral als eine „große kulturelle Errungenschaft angesehen werden". Gleichwohl ist auch diese wechselseitige Durchdringung problematisch, weil sie selbst und als solche nicht in der Lage ist, ein Ethos – verstanden als „Hierarchisierung von Tugenden und Werten" – hervorzubringen.

Auf diese Problemstellung bezieht Welker nunmehr die Interpretation der Lehre von *Gesetz und Evangelium*, und zwar in der Weise, daß er „nicht nur dogmatische Lehrbestände einbringen...will", sondern diese „zugleich auch im immer neuen 'Lernen vor der Schrift' zu befragen...strebt". Diese Interpretation setzt ein mit der Bestimmung des „Gesetzes" als „Formenzusammenhang von Kult, Recht und Erbarmen". Von ihm behauptet Welker zwar wichtige normative Entwicklungspotentiale; gleichwohl faßt er die Gefahr ins Auge, daß in ihm die Prägekraft des Rechts verblassen kann und damit das Bezugsproblem eines Dilemmas von Selbststeuerung und Selbstgefährdung auf der Ebene einer Orientierung durch das „Gesetz" wiederkehrt.

Auf diese Gefahr, in der „das gute Gesetz Gottes unter der Macht der Sünde steht" und darin selbst – entgegen Röm 7,7ff.– „zu einer verderbenbringenden Größe" wird, bezieht nun Welker die Interpretation des Inhalts des Evangeliums als einer „neuen Wirklichkeit", und zwar der Wirklichkeit der Auferstehung des Gekreuzigten, in der die göttliche Liebe offenbar wird. Indem er die Offenbarung der göttlichen Liebe als „Machtübertragung" versteht, begründet er in ihr das „Ethos der Liebe", das sich in einer neuen Wahrnehmung der menschlichen wie der gesetzestheologischen Versuche normativer Selbststeuerung bewährt.

Schließlich wirft Richard Alexy in seinem rechtswissenschaftlichen Beitrag die vielschichtige Frage nach dem Begriff und der Natur des Rechts auf, die er in der Form einer Analyse der Debatte zwischen dem *Positivismus* und dem *Nichtpositivismus* über das Verhältnis von *Recht* und *Moral* beantwortet.

Alexy erörtert zunächst die zwei Varianten der positivistischen Position, die in schwächerer oder in stärkerer Form einen Rechtsbegriff definieren, der die Momente der „ordnungsgemäßen Gesetztheit" und der „sozialen Wirksamkeit" des Rechts hervorhebt, ohne dafür notwendigerweise oder auch nur wünschenswerterweise moralische Prinzipien für gesetztes Recht in Anspruch zu nehmen. Ihnen stellt er drei Varianten der nichtpositivistischen (naturrechtlichen) Position als drei Formen der Beziehung zwischen Recht und Moral gegenüber.

Die erste Variante ist mit der „offenen Struktur" des Rechts gegeben, die eine richterliche Entscheidung noch ungeregelter Rechtsfälle anhand moralischer Gründe nahelegt. Die nichtpositivistische Deutung dieses „Einschlußverfahrens" macht geltend, daß der notwendige implizite Anspruch auf *richtiges Recht*, den die Rechtsanwendungsakte erheben, zu einer *notwendigen* Verbindung von Recht und Moral führt. Eine positivistische Stellungnahme zu diesem Argument wird dartun, daß die notwendige Verbindung zwischen dem Recht und dem Anspruch auf richtiges Recht keineswegs den Gedanken einer notwendigen Verbindung zwischen Recht und Moral nach sich zieht. Gegenüber dieser Stellungnahme führt die nichtpositivistische Deutung deshalb weiter aus, daß die richterliche Entscheidung noch ungeregelter Rechtsfragen notwendigerweise auf Gerechtigkeitsprinzipien zurückgreifen wird, so daß die Idee der Gerechtigkeit in den Begriff des Rechts einzuschließen ist.

Die zweite Variante schließt an die geschichtliche Erfahrung an, daß die weltanschaulich–politische Gestalt einer positiven Rechtsordnung dem Anspruch auf richtiges Recht widerspricht. Diese Erfahrung führt zu dem Interesse, die Rechtssicherheit (die soziale Wirksamkeit des Rechts) durch die Idee der materiellen Gerechtigkeit zu begrenzen. Die Debatte über dieses Interesse läßt jedoch erkennen, daß bei der Abwägung zwischen dem Gesichtspunkt der Rechtssicherheit und dem Gesichtspunkt der materiellen Gerechtigkeit notwendigerweise normative Gründe leitend sind, die als solche für die nichtpositivistische Deutung des Rechts sprechen.

Die dritte Variante schließlich ergibt sich aus der Frage, ob man eine allgemeine moralische Pflicht zum Rechtsgehorsam begründen könne. In Anlehnung an die Rechtslehre Kants sieht Alexy diese allgemeine moralische Pflicht zum Rechtsgehorsam in der Funktion des Rechts begründet, die friedliche Lösung von sozialen Konflikten und die soziale Kooperation zu gewährleisten. Während sich diese Begründung gegenüber dem Versuch ihrer Aufhebung relativ leicht verteidigen läßt, führt die Möglichkeit eines unmoralischen (ungerechten) Rechts wiederum zu der Aufgabe, zwischen dem Prinzip der Rechtssicherheit und dem Prinzip der moralischen Richtigkeit des Rechts eine Abwägung zu treffen. Sie zeigt, daß die nichtpositivistische Bestimmung des Verhältnisses von Recht und Moral durchaus mit moralischen Dilemmata im Recht konfrontiert ist.

Eilert Herms

THEOLOGISCHE ETHIK UND RECHTSBEGRÜNDUNG

Das Thema ist offen und vieldeutig, so unentschieden und vielstimmig wie die einschlägige Fachdiskussion. Jedenfalls soll das Verhältnis zwischen theologischer Ethik und Rechtsbegründung behandelt werden. Aber schon dieses Verhältnis läßt wenigstens vier Deutungen zu. Man könnte „Rechtsbegründung" als Hauptbegriff nehmen und ihm „theologische Ethik" zuordnen, indem man entweder klärt, welche *Beiträge* (1) oder welche *Kommentare* (2) die theologische Ethik zur Rechtsbegründung liefert. Man könnte aber auch „theologische Ethik" als Hauptbegriff zu klären versuchen und dabei dann entweder fragen, welche Bedeutung der Diskurs zur Rechtsbegründung für die theologische Ethik spielt (3), oder, wie in der theologischen Ethik das Thema Rechtsbegründung behandelt werden müßte (4).

Als theologischer Ethiker greife ich die letztgenannte Frage auf: *Wie muß in der theologischen Ethik das Thema Recht und das Problem seiner Begründung behandelt werden?* Aus dieser Perspektive werden die drei anderen Fragebereiche mit berührt.

Freilich verlockt auch die präzisierte Themafrage nicht zu ihrer direkten Beantwortung. Vielmehr weckt sie zunächst selbst weitere Vorfragen: Ist nicht *jede* ethische Thematisierung der Begründung von Recht überflüssig und verfehlt? Muß die theologische Ethik das Thema „Rechtsbegründung" überhaupt aufgreifen, und in welcher Absicht? Was ist gemeint, wenn von einer Behandlung der Rechtsbegründung in der theologischen Ethik die Rede ist? Kann man sich und ggf. wie kann man sich wenigstens darüber verständigen?

Alle diese Vorfragen zielen, genau besehen, auf die Sache selbst. Ich werde sie also nicht überspringen, sondern der Reihe nach aufgreifen und zu beantworten suchen. Das wird dann schon die Beantwortung der Hauptfrage einschließen.

1. Wie kann man sich verständigen?

Eine Bedingung für die Verständigung über den Sinn und die Angemessenheit ethischer Fragestellungen und Antworten ist die grundsätzliche Offenheit des ethischen Diskurses für die Teilnahme aller, die betroffen sind und sich betroffen fühlen, aller betroffenen einzelnen und Kollektive, in den Reflexionssystemen der Gesellschaft und darüber hinaus in der Gesamtöffentlichkeit ihrer Subsysteme und deren Organisationen[20].

Unter welchen Bedingungen solche Offenheit *grundsätzlich* gegeben ist, hat die Grundlagenforschung der Diskursethik[21] geklärt. Daß sie ihre Aufmerksamkeit auf diese Offenheitsbedingungen konzentriert hat, ist verständlich. Denn für die Erreichung oder Verfehlung dieser Offenheitsbedingungen tragen wir selbst Verantwortung, so daß sie selbst schon ein ethisches Thema sind. Soweit ich sehe, ist den Ergebnissen dieser Besinnung auf die Offenheitsbedingungen ethischer Diskurse nicht widersprochen worden, und ihnen kann wohl auch nicht erfolgreich widersprochen werden.

Aber einer Ergänzung scheinen sie mir zu bedürfen. Denn Teilnahmeoffenheit ist nur eine notwendige, aber nicht schon die hinreichende Bedingung für Verständigung. Diese kann vom Diskurs nur erwartet werden, *weil* ihm selbst und der Erfüllung aller seiner Offenheitsbedingungen die Möglichkeitsbedingung aller Verständigung schon vorgegeben ist und zugrunde liegt und *wenn* diese Möglichkeitsbedingung von den Teilnehmern des Diskurses nicht übersehen wird und unbenutzt bleibt. Folglich ist eine explizite Besinnung auf diese Möglichkeitsbedingung für Verständigung durch Diskurs am Platze.

Die Möglichkeitsbedingung für Verständigung ist die *Gegenstandsbezogenheit*, in der unser Diskurs immer schon steht: sein Bezogensein auf unser Zusammensein als gleichartige, aber unverwechselbar verschiedene personale Individuen in der Einheit unserer gemeinsamen Welt, wie es am Ort und für die Perspektive unseres je eigenen Personseins jedem von uns als die von uns zu verstehende Wirklichkeit präsent ist. Dieses für uns Vorgegebene ist das von sich aus durch uns zu Verstehende; also das, was von uns zu verstehen verlangt und was uns zu verstehen möglich ist:
- Weil es ausschließlich für die individuellen Perspektiven einzelner erschlossen und nur aus ihnen heraus zugänglich ist, sind Bemühungen um Verständigung notwendig.
- Gleichzeitig macht der identische Charakter des Erschlossenseins dieses zu Verstehenden: unseres Zusammenseins in seiner Einheit und Weite, die alle Möglichkeiten des Menschseins umfaßt, auch den Erfolg dieser Verständigungsbemühungen möglich. Als konveniente Ausdrücke zur Bezeichnung dieser uns zu verstehen gegebenen Einheit und universalen Weite unseres Zusammenlebens können eine ganze Reihe überlieferter Termini aus verschiedenen Entste-

---

[20] Ich beziehe mich hier auf *Herms* 1991a.
[21] *Habermas* 1991, ders. 1992. Zum Ganzen vgl. *Moxter*, Art. Diskursethik, in RGG⁴ II, 872.

hungskontexten aufgegriffen und verwendet werden: „conditio humana", „Natur des Menschen", insbesondere die Rede von seiner „Sozialnatur", „menschliches Leben" oder „Zusammenleben", „Dasein" bzw. „In-der-Welt-Sein" (Heidegger) oder „menschliche Realität" (Sartre). Diese hat in sich selbst den Charakter von Intersubjektivität, Interpersonalität.

Durch dieses Erschlossensein unseres Zusammenseins für uns und unser Bezogensein auf sie ist Verständigung jedoch nur ermöglicht und nicht garantiert. Unser Zusammensein mit allen anderen ist uns ja nicht vorgegeben als das von sich aus schon immer durch uns Verstandene, sondern eben als das von sich aus durch uns allererst zu Verstehende. Was zu verstehen ist, kann mißverstanden werden, verzerrt, abgeblendet oder übersehen – zu mehr oder weniger großen Teilen. Nur soweit dies nicht der Fall ist, gelingt Verständigung.

Das gilt auch für alle Beschreibungen und Lösungsversuche von ethischen Problemen. Über sie *kann* Verständigung zwischen den Positionen und Perspektiven erzielt werden, soweit ihre Gegenstände re vera Elemente in der Einheit unseres Zusammenseins sind, wie es uns präsent ist als das von sich aus durch uns zu Verstehende, und soweit versucht wird, sie als ein derartiges Element aufzuweisen. Ob die auf diesem Wege mögliche Verständigung auch wirklich erreicht wurde, ist dann immer eine Frage des Vertrauens: des Wagnisses von Kooperation – und ihres Gelingens.

Der folgende Versuch, eine Verständigung über „theologische Ethik", „Rechtsbegründung" und über die Behandlung von dieser in jener zu erzielen, vertraut auf diese Verständigungsmöglichkeiten und hält sich an sie. Er möchte plausibel sein im Blick auf die Phänomene unseres Zusammenseins, wie sie nicht der Beobachtung, sondern der teilnehmenden Erfahrung (dem Erleben) zugänglich und als solche zu verstehen sind.

2. Versuch einer Verständigung über „theologische Ethik" und „Rechtsbegründung"

Was ist gemeint, wenn von einer Behandlung der „Rechtsbegründung" in der „theologischen Ethik" die Rede ist?

2.1. Ethik ist die Theorie des menschlichen Ethos[22], letzteres – in Anlehnung an das griechische Grundwort – verstanden als Gesamtzusammenhang des gewohnheitsgestützten Zusammenlebens der Menschen; und zwar – worauf die antike Tradition noch nicht mit letzter Konsequenz reflektierte – des Zusam-

---

[22] Vgl. dazu jetzt *Herms* 1999b.

menlebens der Menschen als Personen[23]. So verstanden bezeichnet Ethos – fast bedeutungsgleich mit Gesellschaft[24] – denjenigen Interaktionszusammenhang, der inhaltlich alle Leistungen erbringt, die für den Erhalt der Gattung im Naturprozeß erforderlich sind und dabei formal als ein Zusammenhang von Interaktionsregeln konstituiert ist, die die interagierenden Personen frei unterhalten oder umbilden, und zwar im Lichte der von ihnen jeweils innerhalb der Ethosgemeinschaft, in der sie leben, erreichten Bildungsgestalt ihrer Daseinsgewißheit[25].

Der Inhalt dieser Daseinsgewißheit bezieht sich stets einerseits auf die empirische Handlungssituation (a) und die ihren Wandel bestimmenden empirischen Regelmäßigkeiten (b). Aber darin bezieht er sich andererseits auch stets zugleich auf die universale Verfassung und Bestimmung des Menschseins, wie sie in dessen Ursprung, seiner unmittelbaren Erschlossenheit für sich selbst[26], gesetzt ist (c). Diese Gewißheit über Ursprung, Verfassung und Bestimmung des menschlichen Lebens und Zusammenlebens fungiert zielwahlorientierend, während die sich in ihrem Horizont bewegende Sicht der empirischen Situationen und der deren Wandel beherrschenden empirischen Regeln technisch orientierende Funktion besitzt. In der ursprünglichen Verfassung des menschlichen Personseins ist begründet, daß es überhaupt kein personales Leben und Zusammenleben geben kann, das nicht von irgendwelchen derartigen Tatsachenüberzeugungen (a), zielwahlorientierenden Überzeugungen (c) und technisch orientierenden Überzeugungen (b) innerlich geprägt wäre. Ihr Inhalt und Elaboriertheitsgrad unterliegt freilich dem Wandel, dem Fortschritt und dem Verfall.

[23] „Person" definiere ich als: individuelles innerweltliches System, das ihm selbst erschlossen ist als bestimmt zur Selbstbestimmung im Lichte seiner Selbsterschlossenheit und ihrer jeweils erreichten inhaltlichen Bestimmtheit (Bildungsgestalt).
[24] Bedeutungsgleichheit besteht zwischen „Ethos" und „Gesellschaft" insofern, als beide Ausdrücke den Interdependenten Gesamtzusammenhang aller funktionsverschiedenen Leistungsbereiche bezeichnen. Die Ausdrücke bezeichnen jedoch insofern unterschiedliches, als „Ethos" einen alle Leistungsbereiche umfassenden Interaktionszusammenhang bezeichnet, der auf dem Boden einer einheitlichen, von allen Partizipanten im Kern geteilten Daseinsgewißheit steht, während in einer Gesellschaft eine Vielzahl verschiedener Ethosgestalten (Plural von Ethos statt des unschönen „ethe") zusammenbestehen kann. Ihre Basis bildet nicht eine von allen Gesellschaftsmitgliedern geteilte einheitliche Daseinsgewißheit, sondern nur ein aus dem geregelten Dialog der verschiedenen inhaltlich bestimmten Daseinsgewißheiten resultierender, in ständiger Bewegung verbleibender politischer Konsens, der die Basis für die Unterhaltung eines die Existenz die verschiedenen Ethosgestalten und den Frieden zwischen ihnen garantierenden Rechtssystems ist. Zu letzterem bietet der Fortgang dieses Aufsatzes die näheren Erläuterungen.
[25] Dazu vgl. jetzt *Herms* 2000.
[26] Nicht: „durch sich selbst".

Aufgrund von begriffs- und terminologiegeschichtlichen Beobachtungen ist es naheliegend und sachgemäß, die technisch orientierenden empirischen Fakten und Regelüberzeugungen von Interaktanten ihre „wissenschaftlichen" Überzeugungen zu nennen, hingegen ihre zielwahlorientierenden Überzeugungen von Ursprung, Verfassung und Bestimmung des menschlichen Personlebens ihre „weltanschaulich/religiösen"[27] Überzeugungen.

Es ist keineswegs notwendig, daß diese Bestände handlungsleitender Überzeugungen bei allen Interaktanten innerhalb einer Gesellschaft dieselben sein müssen, und sogar innerhalb ein und derselben Ethosgestalt können Unterschiede auftreten. Es ist denkbar, daß die technisch orientierenden Überzeugungen differieren bei annähernd gleichen zielwahlorientierenden Überzeugungen. Ebenso ist möglich, daß – bei gleichen oder differenten technisch orientierenden Überzeugungen – die zielwahlorientierenden weltanschaulich/religiösen Überzeugungen differieren. In diesem Fall haben wir die Koexistenz mehrerer Ethosgestalten oder Kulturen innerhalb einer Gesellschaft: etwa die Differenz zwischen jüdischem, hellenistischem, christlichem Ethos (Kultur) innerhalb der einen multikulturellen Gesellschaft der Stadt Rom in der späten Kaiserzeit[28].

Unvermeidbar für den Bestand jeder Gesellschaft ist nur, daß ihre Mitglieder innerlich durch irgendwelche Bestände derartiger „weltanschaulich/religiöser" und „wissenschaftlicher" Überzeugungen geprägt sind und darin die Motive und Anleitungen zu einem Interagieren finden, das die Ordnung des Gemeinwesens in einer bestimmten Tendenz unterhält.

Darin ist eingeschlossen, daß jedes Ethos selbstreflexiv ist. In jedem Ethos kommt es auf der Ebene der kategorialen Überzeugungen über Ursprung, Verfassung und Bestimmung des menschlichen Personlebens früher oder später zu mehr oder weniger deutlichen Auffassungen auch über den Ursprung, die Verfassung und die Bestimmung des menschlichen Zusammenlebens, also des Ethos selbst; und dabei kommt es dann im Horizont eines kategorialen Ver-

---

[27] Religiöse Überzeugungen sind lediglich durch ein gemeinsames Inhaltsmerkmal verbundene Elemente aus der Klasse weltanschaulicher Überzeugungen, nämlich solche, die nicht die Auskunft über den Ursprung des Daseins verweigern. Aber das Themenspektrum (die universale Verfassung von Welt und Mensch, ihr Ursprung und ihre Bestimmung), die Funktion (Orientierung von Zielwahlen) und die Konstitution (nicht aus Beobachtung, sondern aus der Besinnung auf das Selbsterleben) ist bei allen Religionen dasselbe wie bei Weltanschauungen.

[28] Zu dieser Verwendung von „Ethos" und „Kultur" komme ich im Blick auf die Etymologie: „Ethos" bezeichnet einfach das Ganze des durch Gewöhnung geregelten Zusammenlebens, „Kultur" – von „cultus" – jeweils eine durch eine bestimmte Weltanschauungs-/Religionskommunikation innerlich geprägte Weise des Zusammenlebens. Im übrigen vgl. zu diesem Konzept des kulturellen (also weltanschaulich/religiösen) Pluralismus *Herms* 1995, 242–261.

ständnisses eines Ethos überhaupt auch zum Verständnis des eigenen empirischen Zustandes des jeweiligen besonderen geschichtlichen Ethos und der es beherrschenden Regeln (sei es in der Gegenwart oder in der Vergangenheit) oder
auch zu einem empirischen Verständnis der konkreten Zustände anderer Gestalten des Zusammenlebens.

Der Inbegriff dieser Selbstthematisierung des Ethos, wenn sie in theoretischer
Disziplin vollzogen wird, ist die Ethik[29]. Jede Ethik ist Ausdruck dieser Selbstreflexivität eines Ethos. Das hat für das Ethikverständnis zwei wichtige Konsequenzen:

Erstens: Wie jede Selbstthematisierung des personalen Lebens und Zusammenlebens vollzieht sich auch deren methodisch disziplinierte und inhaltliche
umfassende Gestalt in der Ethik stets auf den beiden Ebenen der kategorialen
Theoriebildung einerseits und des empirischen Verstehens von geschichtlich gegebenen Ethosgestalten und einzelnen Interaktionszusammenhängen innerhalb
ihrer auf der anderen Seite . Ethik kann nicht anders als einerseits in der Gestalt
einer kategorialen Theorie der ursprünglichen Konstitution und Zielstrebigkeit
eines Ethos aufzutreten und andererseits gleichzeitig als empirischer Aussagen-
zusammenhang über je einen bestimmten geschichtlich gewordenen Zustand
des Ethos mit seinen typischen Lebensvollzügen: seinen typischen Praxissituati-
onen, ihren typischen Herausforderungen (Problemen) und typischen Lösungen.

Ferner ergibt sich aus diesem Verständnis von Ethik als Reflexionsgestalt eines
Ethos die Einsicht, daß jede Ethik deskriptive und präskriptive Leistungen zu
erbringen hat, und zwar so, daß die präskriptiven in den deskriptiven fundiert
sind. Die deskriptive Aufgabe besteht einerseits in der Ausarbeitung einer kategorialen Theorie über die im Ursprung des Personseins (seiner Selbsterschlossenheit) wurzelnde Verfassung und ursprüngliche Zielstrebigkeit (Bestimmung)
und dann im empirischen Verständnis des gegenwärtigen Zustands eines Ethos
als überzeugungsgestützter Interaktionsordnung und aller in seinem Kontext
auftretenden einzelnen Interaktionszusammenhänge und -vollzüge. Der Übergang zur normativen Leistung der Ethik wird dadurch vollzogen, daß die in einem bestehenden Ethos gegebenen zielwahlorientierenden und technisch orientierenden Überzeugungsbestände als gültig unterstellt und damit zum Maßstab
für alle besonderen Interaktionszusammenhänge innerhalb des Gesamtethos
verwendet werden.

Diese Gültigkeitserklärung von zielwahlorientierenden und weltanschau-
lich/religiösen Überzeugungen und von technisch orientierenden wissenschaftlichen Überzeugungen kann durch unbegründete Dezision oder kraft Anerken-

---

[29] Vgl. *Herms* 1999a.

nung einer Autorität erfolgen. Aber auch kraft eigener Einsicht: Eben aufgrund desjenigen empirischen Wissens, das in der eigenen Erfahrung wurzelt, und aufgrund derjenigen kategorialen Aussage über Ursprung, Verfassung und Bestimmung des Personlebens, in denen sich das in Selbstbesinnung wurzelnde eigene Verständnis der universalen Verfassung und Bestimmung des Personseins ausspricht, wie sie im Ursprung des Personseins gesetzt sind. Soviel zu „Ethik". Nun zum Epitheton „theologisch".

2.2. Nur auf dem Boden und im Kontext eines gegebenen Ethos ist Ethik überhaupt möglich. Das bedeutet: Jede mögliche Ethik bewegt sich auf dem Boden der ihr schon vorgegebenen kategorialen und empirischen (zielwahlorientierenden und technisch orientierenden) Überzeugungen. Jede Ethik ist also auch an die Perspektive dieses Fundamentes gebunden; und zwar in allen ihren Leistungen, in ihren empirischen und in ihren kategorialen, in ihren deskriptiven und in ihren normativen Urteilen.

Das hat Konsequenzen für das Verständnis von „theologischer" und „philosophischer" Ethik. Diese Epitheta können nicht so verwendet werden, als bezeichne das eine – „theologisch" – eine perspektivisch gebundene, hingegen das andere – „philosophisch" – den Inbegriff aller perspektivisch ungebundenen Ethiken. Vielmehr gilt aus der Natur der Sache heraus der gleiche Grundsatz der unvermeidlichen Gebundenheit an Ethos konstituierende Wirklichkeitsverständnisse,[30] die nicht in Reflexionsakten gegründet sind, sondern in Reflexionen jeweils vorausgehenden Erschließungsereignissen. Das gilt für jede mögliche Ethik, für jede mögliche *philosophische* Ethik genauso wie für die *theologische*. Nicht einen formalen, sondern ausschließlich einen inhaltlichen Unterschied zeigen diese Epitheta an: der Ausdruck „theologisch" kennzeichnet eine Ethik als auf einer Spielart des christlichen Wirklichkeitsverständnisses fußend, der Ausdruck „philosophisch" kennzeichnet eine Ethik keineswegs als frei von der Bindung an ein vorreflexiv konstituiertes Daseinsverständnis, sondern lediglich gebunden nicht an die christliche, sondern an irgendeine vorreflexiv konstituierte nichtchristliche Daseinsgewißheit, etwa eine stoische, eine platonische, eine Kantische, eine marxistische etc.

Ebensowenig drückt die Differenz zwischen „religiösen" Ethiken und „philosophischen" Ethiken eine *formale* Grunddifferenz aus. Auch der durch diese Ausdrücke angezeigte Unterschied hat ausschließlich inhaltlichen Sinn. Für alle „religiösen" und alle „philosophischen" Ethiken gilt gleichermaßen, daß sie fun-

---

[30] Dieser Ausdruck wir im folgenden immer gleichbedeutend mit „Daseinsgewißheit" verwendet. Das Moment des Gewißseins wird auch in „Wirklichkeitsverständnis" mitgemeint, obwohl es dort sprachlich nicht ausdrücklich anklingt.

diert sind in und gebunden an ein vorreflexiv konstituiertes Daseinsverständnis, das sich in jedem möglichen Fall auf den Ursprung sowie auf die im Ursprung gesetzte universale Verfassung und Bestimmung des Personseins erstreckt und diese Struktur lediglich jeweils unterschiedlich sieht und beschreibt. Nur durch den Inhalt ihrer Sicht vom Ursprung des Daseins unterscheiden sich religiöse von nichtreligiösen Lebensverständnissen – wenn überhaupt[31].

Das hat eine auf der Hand liegende Konsequenz für den Ethikdialog: Eine „theologische" Ethik – die durch die Verwendung dieses Epitheton offenlegt, an die Perspektive welchen vortheoretisch konstituierten Daseinsverständnisses sie gebunden ist, nämlich an eine Spielart des christlichen – kann sich nicht damit zufriedengeben, ihren nichttheologischen Gesprächspartner als „philosophisch" zu identifizieren. Vielmehr ist zu klären, wie jeweils das vorreflexiv konstituierte Lebensverständnis derjenigen Position inhaltlich und formal beschaffen ist, die einer theologischen Ethik als „philosophische" entgegentritt. Zugespitzt: Der Dialog zwischen theologischer Ethik und den philosophischen Ethiken ist erst dann konkret, wenn auch der jeweilige „konfessionelle" Charakter der sich selbst in der großen Gruppe der „philosophischen" Ethiken unterbringenden Ethikpositionen geklärt ist.

Soviel zur Rede von „Ethik" und von „theologischer" – aber auch „philosophischer" – Ethik.

Auf demselben Wege läßt sich nun auch die Rede von „Recht" und „Rechtsbegründung" klären. Nach den Ausführungen in Teil I kann eine gegenstandsbezogene Verständigung über den Ausdruck Recht nur erfolgen, wenn er Elemente der universalen Verfassung des Menschseins und/oder irgendwelche Vorkommnisse im Bereich der empirischen Phänomene des menschlichen Zusammenlebens bezeichnet. Nur unter dieser Voraussetzung kann der Ausdruck irgendeine verständliche thematische Relevanz für irgendeine Ethik gewinnen.

2.3. Tatsächlich läßt sich erkennen und zeigen, daß sich alle Verwendungen des Ausdrucks „Recht" auf ein solches unverzichtbares Element in der ursprünglichen Verfassung des menschlichen Zusammenlebens und auf die empirischen Phänomene beziehen, die es exemplarisch manifestieren:

„Recht" bezeichnet eine bestimmte Teilmenge derjenigen Interaktionsregeln, deren Befolgung nicht durch Instinkt geregelt ist. Nämlich diejenige Teilmenge der nicht durch Instinkt geregelten Interaktionsordnungen, deren Befolgung mit

---

[31] Viele traditionell „religiös" genannten Daseinsverständnisse verstehen den Ursprung und die Bestimmung des Daseins als im Wirken einer vom Ursprung selbst zu unterscheidenden Macht des Daseins begründet – aber nicht einmal das gilt für alle herkömmlich „religiös" genannten Daseinsverständnisse; z. B. nicht für eine Reihe von fernöstlichen.

einem Höchstmaß an Erwartungssicherheit ausgestattet wird dadurch, daß die Übertretung der Regel zuverlässig durch wirksame Sanktionen geahndet wird, bzw. dadurch, daß dem Übertreter solche Sanktionen glaubwürdig angedroht werden.

In dieser Natur der Sache liegt es, daß der Bereich der rechtlichen Regeln von Inhabern überlegener Gewalt gepflegt, also tendenziell von einem Gewaltmonopolisten in Obhut genommen und das heißt schließlich staatlich verantwortet wird.

Durch diese effektive Sanktionsbewährtheit unterscheiden sich die Regeln des Rechts von allen anderen Ordnungen[32].

Diese sichert den Regeln des Rechts eine Befolgung aus dem schlichtesten und verbreitetsten Handlungsmotiv: dem Interesse an der Vermeidung unerwünschter sozialer Folgen. Jedes Befolgungsmotiv aus darüber hinausgehenden Einsichten ist für die Befolgung von Rechtsregeln entbehrlich. Darin gründet ihre unverzichtbare Funktion im Zusammenleben. Die Rechtsordnung schafft auf seiten der beteiligten Interaktanten Erwartungssicherheit über die Grenzen von völlig differenten Einsichtsbeständen hinweg[33].

Neben dieser weiten Gegenstandsbestimmung des Ausdrucks „Recht" kommen engere vor, die sich aber sämtlich innerhalb der weiten bewegen. So wird heute etwa in der Rechtswissenschaft der Ausdruck „Recht" weithin nur für solche Regelungen verwendet, die zusätzlich auch noch unterschiedlichen „Gerechtigkeits"kriterien genügen. Diese Sprachregelung ist historisch verständlich: Sie hat Vor- und Nachteile. Was hier aber vor allem wichtig ist: Sie bewegt sich selbst innerhalb der weiten Definition von Recht. Regelungen, die nicht durch Sanktionsbewährung ihre Erwartungssicherheit begründen, fallen überhaupt nicht unter den Begriff „Recht". Soviel zur Rede vom „Recht"[34].

---

[32] Vgl. *Herms* 1983.

[33] Diese Anerkennung der Schlichtheit und weiten Verbreitung des Handlungsmotivs „Vermeidung negativer sozialer Folgen" besagt nicht, daß dieses Motiv vom kategorialen und empirischen Selbstverständnis der Interaktanten unabhängig wäre.

[34] Vgl. *Herms* 1983 sowie *Herms* 1991b. – Zur neueren Diskussion in der ev. Sozialethik insgesamt vgl. *Reuter* 1997. – Reuter (ebd. 242,1–5) übersieht, daß ich in dem zuletzt genannten Text nicht *irgendeine* monopolistische Institutionalisierung von überlegener Gewalt für das Fundament von Recht hingestellt habe, sondern eine qualifizierte: nämlich eine solche, die sich selbst bindet, dadurch stabil ist und somit verläßlich „Frieden äußerlich" stiftet. Das dürfte im Effekt auf dieselbe Leistung des Rechts hinauslaufen, die Kant im Sinne hatte (Sicherung der Koexistenz der Freiheit von jedermann mit der gleichen Freiheit aller anderen), ohne schon gleichzeitig irgendeine Antwort auf die Frage nach „Gerechtigkeit" ins Spiel zu bringen. Die beiden Probleme sozialer Wohlordnung – Frieden und Gerechtigkeit – können zwar nicht getrennt werden, müssen aber unterschieden werden. Das kann man bereits daran erkennen, daß jede mögliche Form von Gerechtigkeit zwar Frieden voraussetzt, daß jedoch

2.4. Was kann nun „Rechts*begründung*" meinen? Dazu dürfte in Kürze viererlei plausibel sein:

a) Die wesentlichen Elemente des menschlichen Zusammenlebens – wie z. B. das Recht – können von Menschen überhaupt nicht „begründet" werden im Sinne von „geschaffen werden". Sie sind immer schon da – nämlich in Gestalt irgendeiner geschichtlichen Lösung der mit der Wirklichkeit des menschlichen Zusammenlebens als dem Zusammenleben von Personen gesetzten Grundaufgaben, die allen geschichtlichen Wandel überdauern, ja ihn bedingen und ermöglichen[35].

b) Sehr wohl aber können nicht nur, sondern müssen alle konkreten Gestalten dieser Lebensphänomene durch Interaktion gefunden und erhalten werden. In diesem Sinne kann Recht in der Tat begründet werden, fällt dann aber nicht in den Bereich des theoretischen, sondern des *gestaltenden* Handelns.

c) Der *theoretische* Umgang mit Lebensphänomenen kann nie konstitutiv, sondern immer nur explizierend sein. Insofern ist überhaupt keine theoretische Rechts*begründung* denkbar, so wenig wie z. B. eine theoretische *Begründung* von Politik, Wirtschaft, Religion oder auch von Wissenschaft. Diese Lebensphänomene können aber sehr wohl verstanden werden. Ihr Sinn kann expliziert werden.

d) Dieses Verständnis der Lebensphänomene – ihre Explikation, ihr Begriff – kann dann allerdings seinerseits den gestaltenden Umgang mit ihnen sehr wohl orientieren, kritisieren und verbessern. Aber in allen diesen Fällen bleibt es dennoch dabei, daß das Verständnis von Politik, Wirtschaft, Religion, Wissenschaft oder auch von Recht diese Phänomene nie begründet. Es nimmt nur Einfluß auf die praktische Gestaltung dieser Lebensphänomene, und gegebenenfalls erhöht es ihren Realismus (ihre Sachgemäßheit). Nur in diesem zuletzt genannten Sinne kann die Rede von einer theoretischen „Begründung" von Lebensphänomenen – etwa des Rechts – sinnvoll sein.

3. Muß - und wie muß - theologische Ethik das Thema Rechtsbegründung behandeln?

3.1. Für die Beantwortung der Frage, *ob* theologische Ethik das Thema Rechtsbegründung behandeln muß, sind die eben getroffenen semantischen Klärungen vorauszusetzen.

Dann gilt: Sinnvollerweise läßt sich nur fragen, ob die Explikation der wesentlichen Funktion von Recht als eines wesentlichen Elementes im Zusammenhang

---

Frieden durch Gerechtigkeit nur gestützt wird, jedoch mit keiner einzelnen der vielen möglichen Formen von Gerechtigkeit notwendig verbunden ist.

[35] Dazu vgl. *Herms* 1992.

der ursprünglichen Verfassung und Bestimmung des menschlichen Zusammenlebens, also ein kategoriales Rechtsverständnis, und dann eine davon geleitete Betrachtung und Beurteilung der Rechtsverhältnisse in einem geschichtlich gegebenen Ethos in der theologischen Ethik verzichtbar sind oder nicht. Diese Frage ist auch unabhängig davon zu stellen und zu beantworten, ob innerhalb des gegebenen Zustandes eines Ethos diese Behandlung des Themas „Rechtsbegründung" durch die theologische Ethik in irgendeiner Weise auf die tatsächliche praktische Gestaltung der Rechtsverhältnisse in dem gegebenen Zustand eines Ethos (Zusammenlebens) Einfluß nehmen kann oder nicht. Mit dieser Frage werden wir uns erst im nächsten und abschließenden Teil beschäftigen. Aber schon jetzt ist auf die Möglichkeit hinzuweisen, daß die Unverzichtbarkeit des Themas Rechtsbegründung für die theologische Ethik behauptet werden muß, obwohl unter den gegenwärtig obwaltenden Umständen die praktischen Einflußmöglichkeiten der theologischen Ethik auf Null tendieren.

In der Tat muß die erste Frage – ob das Thema Rechtsbegründung im explikativen Sinne für die theologische Ethik unverzichtbar sei – bejaht werden. Der Grund dafür liegt im christlichen Verständnis von Ursprung, Verfassung und Bestimmung des Personlebens. Das ist dasjenige Daseins- oder Lebensverständnis, das durch das Erleben der Wahrheit des Evangeliums erschlossen ist. Die grundlegenden biblischen Zeugnisse dieses Lebensverständnisses und die ihnen entsprechenden klassischen Zeugnisse der christlichen Tradition bezeugen sämtlich, daß „Recht" als sanktionsbewährtes Regelsystem, das aus der Natur der Sache heraus dem Gewaltmonopol der Inhaber politischer Herrschaft anvertraut ist, aus christlicher Sicht tatsächlich ein wesentliches Element in der ursprünglichen Verfassung und Bestimmung des menschlichen Zusammenlebens bildet. Ebenso sehen diese Zeugnisse, daß das sanktionsbewährte Regelsystem des Rechts aus der Natur der Sache heraus dahin tendiert, dem Gewaltmonopol der Inhaber politischer Herrschaft zur Pflege anvertraut zu sein und von ihnen gültig erhalten zu werden für alle jeweils in einer geschichtlichen Gegenwart räumlich zusammenlebenden Kulturen und ihre Anhänger, über alle Unterschiede der für diese Kulturen jeweils konstitutiven zielwahlorientierenden Überzeugungen hinsichtlich Ursprung, Verfassung und Bestimmung des menschlichen Lebens hinweg und ohne diese Differenzen notwendig antasten zu müssen.

Diese Sicht kommt besonders klar in den Zeugnissen des christlichen Lebensverständnisses aus den spätantiken Anfangsjahren des Christentums zum Ausdruck. Hier werden bekanntlich die Vertreter des römischen Staates als die legitimen Sachwalter des Rechts anerkannt[36]. Das ist nur möglich, weil im christlichen Lebensverständnis selbst drei Einsichten enthalten sind:

- a) Die christlich verstandene conditio humana verlangt die Pflege einer Erwartungssicherheit schaffenden Rechtsordnung als eines Systems von sanktionsbewährten Regeln in staatlicher Obhut, das auch vor staatlichen Instanzen einklagbar ist. Eine derartige Ordnung des Rechts ist ein notwendiges Element jeder möglichen Gestalt des menschlichen Zusammenlebens[37]. Ferner:

- b) Dieses Regelsystem gilt für alle hic et nunc in einer Gesellschaft zusammenlebenden Ethosgestalten (Kulturen) und ihre Anhänger – also für Christen und Juden und Heiden unterschiedlichster Provenienz – gemeinsam und sichert deren friedliches Zusammenleben. Sowie schließlich:

- c) Diese Ordnung des Rechts ist auch dann anzuerkennen, wenn sie nicht von Christen gesetzt und verwaltet wird. Ja, Christen sind aus Gründen ihres Lebensverständnisses dazu verpflichtet, sich selbst in den Dienst dieser kulturübergreifenden Rechtsordnung zu stellen[38].

Offensichtlich berührt sich das christliche Lebensverständnis in dieser Einschätzung des Rechts eng mit dem frühjüdischen der nachexilischen Zeit. Ja, es hat dieses beerbt.

Und mit diesem steht es auch in einem spezifischen Gegensatz zur Einschätzung des Rechts im Lebensverständnis der vorexilischen Religion Israels. Auch für deren Lebensverständnis gilt, daß das Recht als sanktionsbewehrtes Regelsystem in der Hand der politischen Herrschaft ein wesentliches Element im menschlichen Zusammenleben ist - freilich so, daß damals die Einheitlichkeit der zielwahlorientierenden weltanschaulich/religiösen Überzeugungen behauptet und dementsprechend die Bindung des Rechtssystems an dieses einheitliche Überzeugungsgefüge verlangt wurde, lediglich mit Duldungspflichten für Fremde[39]. Strukturell ähnliche Verhältnisse herrschten gleichzeitig in den Stadtstaaten der griechisch-römischen Welt und dann später wieder in den islamischen Gesellschaften, tendenziell bis heute[40]. Demgegenüber bedeutet es – wie jüngst Michael Walzer in seiner Tübinger Lucas-Preisrede noch einmal entwickelt hat[41] – einen evolutionären Schritt im Lebensverständnis der israelitischen

---

[36] Klassische Zeugnisse: Mt 22,17–22; Röm 13,1–7; Petr 2,13–17. – Zum praktischen Umgang mit dem staatlichen Recht vgl. seine Inanspruchnahme durch den gefangenen Paulus: Act 25,10.

[37] Für die Tradition des Luthertums grundlegend: *Luther* 1900.

[38] So schon *Luther* 1900.

[39] Zum Rechtsverständnis im vorexilischen Israel vgl. *Otto* 1994.

[40] Vgl. *Dilger* 1990, 60-99.

[41] Das gilt für die Revolution des Politik- und Rechtsverständnisses, die durch das Exil eingetreten ist, vgl. dazu *Walzer* 1998.

Religion während und nach dem Exil, daß die Rechtsordnung ihre Funktion als ein wesentliches Element in der ursprünglichen Verfassung und Bestimmung des menschlichen Zusammenlebens auch – ja, erst – dann erfüllt, wenn sie den Anhängern verschiedener Kulturen und ihrer unterschiedlichen Lebensüberzeugungen die vollen politischen Rechte eröffnet und gewährleistet. Diese Überzeugung ist ins christliche Lebensverständnis übernommen worden. Das konnte zwar für lange Zeit verdunkelt bleiben, nämlich genau solange, wie das christliche Lebensverständnis und die von ihm inspirierte Kultur in den europäischen Gesellschaften konkurrenzlos herrschte. Aber sogar in diesen Zeiten ist das Bewußtsein lebendig geblieben, daß nach christlichem Verständnis die staatliche Gewalt nicht zur Unterdrückung eingesetzt werden dürfe[42] und zweitens auch innerhalb der verfaßten Kirche Gegensätze ausgehalten werden müssen[43]. Inzwischen hat sich diese Überzeugung in der christlichen Gemeinschaft als die vorherrschende durchgesetzt: die Rechtsordnung hat wesentlich dafür offen zu sein, Anhängern unterschiedlicher Kulturen und unterschiedlicher Überzeugungssysteme Schutz zu bieten und vom Boden unterschiedlicher Überzeugungssysteme aus gepflegt zu werden.

3.2. Damit sind wir bereits bei der Frage, *wie* die theologische Ethik das Recht als ein wesentliches zur universalen Verfassung und Bestimmung des Menschseins gehörendes Element explizieren – verstehen und darstellen – muß.

Antwort: Sie hat es so zu verstehen und darzustellen, wie es sich im Zusammenhang desjenigen Verständnisses von Ursprung, Verfassung und Bestimmung des menschlichen Lebens und Zusammenlebens präsentiert, welches durch das Erleben der Wahrheit des Evangeliums erschlossen ist.

Zunächst ein Wort zum biblischen und dann wieder in der Reformation starkgemachten Rekurs auf das „Erleben der Wahrheit des Evangeliums" als des unverfügbaren fundamentum originale et inconcussum des christlichen Lebensverständnisses. Dieser Rekurs macht mit einer Erfahrung ernst, die sich in analoger Weise mit dem Verstehen jedes beliebigen Lebenszeugnisses verbindet. Für ein solches Verstehen sind intellektuelle Operationen stets nur die notwendigen, nie aber die hinreichenden Bedingungen. Verstehen kommt erst ans Ziel, wenn sich mit jenen notwendigen intellektuellen Operationen das unverfügbare Ereignis des Sichtbarwerdens der bezeugten Sache selbst verbindet, ein Aha-Erlebnis. So liegt auch die Einsicht in die Wahrheit des christlichen Lebenszeugnisses nicht auf der Straße, sondern verdankt sich einem solchen unverfügbaren Aha-Erlebnis. Eben diesen grundlegenden Vorgang hat die christliche Tradition – in einer

---

[42] Vgl. etwa *Luther* 1900, 268–270.
[43] Vgl. etwa *Luther* 1908, 420, 24–37.

heute altfränkisch anmutenden, aber der Sache nach höchst korrekten Weise –
als das vom Heiligen Geist gewirkte Evidentwerden der Wahrheit des Evangeliums für jeden einzelnen Glaubenden beschrieben[44].

Die Frage lautet nun: Wie ist das durch diesen Vorgang erschlossene Verständnis von Ursprung, Verfassung und Bestimmung des menschlichen Lebens und Zusammenlebens inhaltlich bestimmt (2.1.)? Und wie kommt in diesem Lebensverständnis das Recht als unverzichtbares Element des Zusammenlebens zu stehen (2.2.)? Zunächst:

3.2.1. Wie versteht das christliche Lebensverständnis den Ursprung, die Verfassung und die Bestimmung des menschlichen Personseins?

In dogmatischer Korrektheit lautet die Antwort: Die Menschen leben und interagieren als die geschaffenen Ebenbilder ihres Schöpfers – von diesem von Anfang an zur vollen Erkenntnis des Schöpferwillens und aufgrund dessen zur freien Einstimmung in ihn bestimmt, also zu einem Leben, das sich freiwillig an den erkannten ewigen Willen des Schöpfers preisgibt und in diesem ewig aufgehoben und geborgen ist. Nach diesem Verständnis ist der Ursprung des menschlichen Lebens und Zusammenlebens, in dem auch seine universale Verfassung und seine Bestimmung gesetzt ist, der Wille des Schöpfers, dessen Ziel es ist, die Menschen nicht nur als personales Gegenüber zu haben, sondern auch von ihnen gänzlich erkannt zu werden und aufgrund dieser Erkenntnis mit ihnen schließlich in vollendeter Gemeinschaft zu leben.

In diesem Prozeß, dessen Ursprung, Verfassung und teleologische Dynamik durch den Willen des Schöpfers bestimmt ist und dessen Erkenntnis durch das Erleben der Wahrheit des Evangeliums erschlossen ist, kommt nun eben diesem Erleben der Wahrheit des Evangeliums selbst eine zentrale Bedeutung zu: Es ist dasjenige Ereignis, in dem das vom Schöpfer ursprünglich gewollte vollständige Erkennen seines Willens Wirklichkeit wird. Die Wahrheit des Evangeliums zu erleben, heißt, nicht nur überhaupt zu verstehen, daß Ursprung, Verfassung und Bestimmung des Personlebens im Willen des Schöpfers begründet sind, sondern zu verstehen, daß dieser Wille in sich selbst dreifach bestimmt ist, nämlich als: Gemeinschaftswillen, Versöhnungswillen und Vollendungswillen. Dabei gilt,

– daß sich der schöpferische Gemeinschaftswille, dem sich die Existenz aller möglichen Personen verdankt, von sich aus auf die Realisierung des schöpferischen Versöhnungs- und Vollendungswillens richtet;

---

[44] Vgl. *Herms* 1987, bes. 58–64; ders. 1997.

- daß dementsprechend die Realisierung des göttlichen Versöhnungswillens die Realisierung des göttlichen Gemeinschaftswillens voraussetzt und den Beginn der Realisierung seines Vollendungswillens einschließt; und

- daß dann schließlich in der Realisierung des Vollendungswillens des Schöpfers die Realisierung seines Versöhnungs- und seines Gemeinschaftswillens aufgehoben sein wird.

Auf diese Weise ist das menschliche Leben durch den dreifach bestimmten Schöpferwillen als Gemeinschafts-, Versöhnungs- und Vollendungswillen bestimmt. Dementsprechend müssen drei unterschiedliche Qualitäten der geschaffenen Personexistenz unterschieden werden:

Erstens das Personsein, sofern es allein durch den schöpferischen Gemeinschaftswillen begründet und bestimmt ist. An den durch diesen schöpferischen Gemeinschaftswillen gesetzten Konditionen haben alle Geschöpfe teil: Sowohl diejenigen, die einstweilen nur durch den schöpferischen Gemeinschaftswillen bestimmt sind, als auch diejenigen, die darüber hinaus auch schon durch den schöpferischen Versöhnungswillen bestimmt sind. Dies ist der zweite Zustand des Personseins. Der dritte Zustand ist dasjenige Personsein, welches nicht nur durch die Realisierung des schöpferischen Gemeinschafts- und Versöhnungswillens, sondern darüber hinaus auch schon an der Realisierung des schöpferischen Vollendungswillens Anteil haben.

Was diese drei Zustände verbindet, ist der offenkundig für alle fundamentale Charakter der Gemeinschaft zwischen den geschaffenen Personen und der schöpferischen Person. Nun schließt aber jede zwischenpersonale Gemeinschaft irgendeine Form von wechselseitiger Erkenntnis ein. Irgendeine Form des Wissens um die schöpferische Person und ihr Wollen ist also für alle drei Status der menschlichen Existenz wesentlich, auch schon für den ersten. Daher hat sich dann auch die Lehre von der Unterscheidung der drei Status der menschlichen Existenz mit der Unterscheidung der drei für sie jeweils konstitutiven Weisen der Gotteserkenntnis verbunden: Das für alle möglichen geschaffenen Personen geltende Begründetsein ihrer Existenz im schöpferischen Gemeinschaftswillen schließt das Erleuchtetsein aller Menschen durch das *lumen naturae* ein. Das ist das unmittelbare gefühlsmäßige Innesein des kontingenten Existierens aus der schöpferischen Allmacht, ihr gegenüber und an sie ausgeliefert. Das Bestimmtsein durch den schöpferischen Versöhnungswillen ist das Bestimmtsein durch das *lumen gratiae*. Das ist die durch das Erlebnis der Wahrheit des Evangeliums gestiftete Gewißheit über die inhaltliche Bestimmtheit des schöpferischen Wollens als Liebeswille, nämlich genau als Gemeinschafts-, Versöhnungs- und Vollendungswillen. Darin eingeschlossen ist die gewisse Hoffnung auf das Leben, das durch den göttlichen Vollendungswillen bestimmt ist, also das vollendete Leben im Lichte des lumen gloriae, in dem die Geschöpfe den Schöpfer in seinem Wollen und Wirken ganz erkennen werden: mit den Worten des 1. Korintherbriefs „von Angesicht zu Angesicht" und des 1. Johannesbriefs „so wie er ist". – Soweit das durch das Erleben der Wahrheit des Evangeliums eröffnete Existenzverständnis des christlichen Glaubens in den Formeln der Tradition.

Diese Lehre ließe sich auch als eine Phänomenologie des Daseins nachbuchstabieren, nämlich so: Im Lichte der erlebten Wahrheit des Evangeliums wird das Menschsein in allen seinen möglichen Erscheinungsformen als Personsein verstanden. Dieses ist dadurch bestimmt, daß leibhafte Individuen sich finden als bestimmt zur Selbstbestimmung im Lichte der jeweiligen Gestalt ihrer Selbsterschlossenheit. Die unmittelbare und ursprüngliche Gestalt ihrer Selbsterschlossenheit ist das lumen naturae: das unmittelbare Kreaturgefühl des Menschen in der ganzen Mannigfaltigkeit seiner Artikulations- und Deutungsgestalten. Die durch das Erleben der Wahrheit des Evangeliums geschaffene Gestalt der menschlichen Selbsterschlossenheit ist das lumen gratiae: die Gewißheit über das eigene Wesen der schöpferischen Allmacht als allmächtiger Liebe, und das heißt: als allmächtiger Gemeinschafts-, Versöhnungs- und Vollendungswille. Diese Gestalt des Personseins und personaler Selbsterschlossenheit ist ihrerseits noch ein Sein und eine Selbsterschlossenheit im Werden. Freilich im Werden auf ein bereits jetzt gewisses Ziel. Dieses Ziel ist das vollendete Personsein, bestimmt durch den schöpferischen Vollendungswillen und d.h. die Existenz in der vollendeten Erschlossenheit der vollendeten Schöpfung als vollendeter Manifestation des göttlichen Wollens und Wirkens: die Existenz im lumen gloriae.

Soviel zum Verständnis des innerweltlichen Personseins, wie es durch das Erleben der Wahrheit des Evangeliums erschlossen wird. Dieses Verständnis erfaßt das menschliche Leben und Zusammenleben als ein Werden, dessen Ursprung, Charakter und Bestimmung im Willen der schöpferischen Ursprungsmacht gründet, welche – eben im Lichte der erlebten Wahrheit des Evangeliums – verstanden wird als schöpferischer Liebeswille in seiner dreifachen Bestimmtheit als Gemeinschafts-, Versöhnungs- und Vollendungswille. Das Erlebnis der Wahrheit des Evangeliums gibt den Blick frei auf das Personsein als Sein in diesem Werden, das begründet ist, verfaßt ist und zur Ganzheit gebracht wird[45] durch den uranfänglichen Heilswillen des Schöpfers. Nichts anderes als dieses durch das Erleben der Wahrheit des Evangeliums zustande gekommene Wirklichkeitsverständnis (oder: Daseins- bzw. Lebensverständnis) wird im christli-

---

[45] Vgl. *Herms* 1997.

chen Glaubenszeugnis zur Sprache gebracht und aufgrund dessen in der Dogmatik gedanklich zusammenhängend entfaltet.

Weil dabei das menschliche Leben als Zusammenleben im Blick steht, bekannt wird und gedacht wird, ist diese Dogmatik in sich selbst stets auch Ethik. In den von ihr gedachten Grundstrukturen des menschlichen Lebens und Zusammenlebens muß also auch und wird also auch stets das Recht gedacht. Die Frage ist nun: Wie?

3.2.2. Die Antwort muß m. E. vier Thesen umfassen, von denen die erste die Verbreitung des Rechts in den vom Glauben unterschiedenen Zuständen des Menschseins betrifft (2.2.1.), die zweite die Regelungsaufgaben des Rechts bezogen auf diese differenten Seinsweisen (2.2.2), die dritte den Rechtsurheber bezogen auf diese unterschiedlichen Seinsweisen (2.2.3.) und die vierte die Kriterien der Sachgemäßheit des Rechts (2.2.4).

3.2.2.1. Im Horizont des christlichen Wirklichkeitsverständnisses ist der Regelungsmechanismus des Rechts unverzichtbar im Bereich des gesamten noch nicht vollendeten Personlebens.

D.h. der Regelungsmechanismus des Rechts ist unverzichtbar für das gesamte Leben im Horizont des lumen naturae. Diese Sphäre umfaßt nun aber ihrerseits zwei Seinsweisen: die Seinsweise nur unter dem lumen naturae und die Seinsweise, die über das Bestimmtsein durch das lumen naturae hinaus auch vom lumen gratiae erleuchtet ist. Für beide Bereiche ist der Regelungsbereich des Rechts unabdingbar. Er ist also unverzichtbar sowohl erstens für das Leben in dem Bereich, den die Christen mit allen anderen Geschöpfen teilen, als auch zweitens in dem Bereich, den sie noch nicht mit allen anderen teilen, für das Leben im lumen gratiae. Das letztere gilt, weil auch dieses Leben im lumen gratiae, das die Christen nicht mit allen Geschöpfen teilen, dennoch unter Bedingungen steht, die sie mit allen Geschöpfen teilen. Dies schließt ein, daß sie auch in ihrem Zusammenleben als christliche Gemeinschaft, das sie nicht mit allen Geschöpfen teilen, angewiesen sind auf den Regelungsmechanismus des Rechts.

Freilich muß der Differenz zwischen dem mit allen Geschöpfen geteilten Leben im Lichte des lumen naturae und dem nicht mit allen Geschöpfen geteilten, wohl aber unter geschöpflichen Bedingungen stehenden Leben im lumen gratiae durch Differenzen in der Regelungsabsicht und in der Urheberschaft des Rechts Rechnung getragen werden. Dies jedoch so, daß dadurch dem einheitlichen Charakter des Regelungsmechanismus kein Abbruch geschieht und keine Äquivokation in die Rede von „Recht" eingetragen wird.

3.2.2.2. Aus christlicher Sicht muß also unterschieden werden zwischen der Regelungsabsicht desjenigen Rechtes, das für den Gesamtbereich des geschöpflichen Lebens gilt, welches die Christen mit allen Geschöpfen teilen, und desjenigen Rechts, das nur für die christliche Gemeinschaft gilt.

Aus christlicher Sicht erstreckt sich die Regelungskraft des Rechts, das für die Sphäre des Lebens im lumen naturae gilt, auf alle geschaffenen Personen und Persongemeinschaften, die überhaupt unter den Bedingungen des geschaffenen Personseins existieren. Dazu gehört auch, daß diese Personen und Gemeinschaften jeweils selbst im Licht irgendeines positiven Lebensverständnisses stehen. Diesen Bereich verläßt das christliche Leben nicht, es tritt lediglich innerhalb seiner unter die Bedingung der endgültigen Erkenntnis des schöpferischen Wollens als des schöpferischen Liebeswillens, der in sich selbst Gemeinschafts-, Versöhnungs- und Vollendungswille ist. Dadurch versteht es den Heilscharakter des schöpferischen Wirkens, tritt aber keineswegs aus seinen Bedingungen heraus. Auch für die Christen gilt, was für das Leben im lumen naturae bloß als solchem gilt. Also auch das allgemeine Recht.

Freilich ist mit der universalen Gültigkeit dieses Rechts für den Gesamtbereich des Lebens im lumen naturae dann ipso facto auch eine eingeschränkte Regelungsabsicht verbunden: *Weil* dieses Recht für den Gesamtbereich des Lebens im lumen naturae in *allen* seinen möglichen Selbstauffassungen und Selbstauslegungen gelten soll, darf es sich auch nur auf das *äußere* Zusammenleben, auf den *äußeren* Frieden, richten. Kraft dieser Beschränkung muß es gleichen Raum für alle Selbstauffassungen und Selbstauslegungen bieten, die im Horizont des lumen naturae herrschen und gelebt werden können und die ihrerseits innere Motive besitzen, Personen und Gemeinschaften mit anderen Lebensauffassungen innerhalb des für alle geltenden Rechts *gleiche Rechte* einzuräumen. Die Regelabsicht dieses Rechts ist also: die Gewährleistung freier und friedlicher Entfaltungsmöglichkeiten für alle friedens- und koexistenzfähigen Überzeugungspositionen und Überzeugungsgemeinschaften[46] – und dies in der vom Ergriffenwerden durch die Wahrheit des Evangeliums untrennbaren Gewißheit, daß alle nichtchristlichen Daseinsverständnisse dazu bestimmt sind, an der christlichen Gewißheit über den Heilswillen des Schöpfers Anteil zu gewinnen.

Eine andere Regelungsabsicht verfolgt das Recht, welches nur für das Leben im lumen gratiae, also nur innerhalb der Glaubensgemeinschaft gilt (in der Tra-

---

[46] Diese Bedingung hängt vom Inhalt einer Weltanschauung ab (davon, ob sie Motive enthält, anderen Überzeugungspositionen ein Existenzrecht im politischen Gemeinwesen zuzuerkennen auch dann, wenn die Überzeugungen inhaltlich als defizitär angesehen werden). Jedenfalls sind also nicht beliebige Weltanschauungen koexistenzfähig. Vgl. dazu *Herms* 1995, 441–461.

dition unter dem Titel „Kirchenrecht" behandelt). Auch dieses Recht besteht aus sanktionsbewehrten Regeln, aber nur solchen, die für die Erhaltung und Sicherung der äußeren Lebensbedingungen der Glaubensgemeinschaft erforderlich sind. Es bringt diese Lebensbedingungen im Rahmen des für alle geltenden Rechts zur Geltung und schützt sie damit vor Übergriffen von außen und von innen. Ohne das Kirchenrecht im Rahmen des für alle geltenden Rechts könnten die Regeln, welche die äußeren Lebensbedingungen der Glaubensgemeinschaft, soweit sie von den Glaubenden selbst sichergestellt werden müssen, überhaupt nicht in der allgemeinen Rechtssphäre und Öffentlichkeit manifest werden und für sich Respekt gewinnen. Insofern sichert das Kirchenrecht *im Rahmen des allgemeinen Rechts* den Respekt der Umwelt für die äußeren Lebensbedingungen der Glaubensgemeinschaft: z. B. das Recht des öffentlichen Gottesdienstes zu festen Zeiten an festen Orten u.ä. Gleichzeitig ist es christliche Grundüberzeugung, daß unter den Bedingungen des irdischen Lebens vor der Vollendung die äußeren Lebensbedingungen der Glaubensgemeinschaft auch nach innen gegen Übergriffe von Glaubenden selbst durch sanktionsbewehrte Rechtsregeln gesichert werden müssen. So ist der Schutz der äußeren Lebensbedingungen des Lebens im lumen gratiae (des Lebens der christlichen Gemeinschaft) mit den Mitteln des *Rechts*, also mit sanktionsbewehrten Regeln, aus Einsichten des christlichen Glaubens selbst geboten: Nämlich aus der Einsicht in die *Schutzbedürftigkeit* des christlichen Lebens in der Welt.

Erfüllen kann das Recht der Religionsgemeinschaften diese Schutzfunktion aber – wie gesagt – nur, wenn es sie *innerhalb* des allgemeinen Rechts ausübt. Das bedeutet ein doppeltes: Erstens dürfen seine Regelungen dem für alle geltenden Recht inhaltlich nicht widersprechen. Aber es heißt auch zweitens: Sein Regelungsmechanismus darf kein anderer als der des allgemeinen Rechts sein. Er muß Erwartungssicherheit schaffen, und zwar auf dieselbe Weise wie das allgemeine Recht. Das Kirchenrecht darf sich also nicht als *eigene Rechtsordnung* neben der allgemeinen etablieren, sondern nur als Teilordnung innerhalb der allgemeinen, von dieser ausdrücklich als *innerhalb* ihrer angesiedelt anerkannt. Das Kirchenrecht kann nur innerhalb des Staatskirchenrechts anerkannt existieren.

Die Differenz der Regelungsabsichten läuft also auf eine Differenzierung innerhalb des allgemeinen Rechts hinaus. Aus christlicher Sicht ist zu fordern, daß das allgemeine Recht selbst den allgemeinen Ort bestimmt und freiläßt, an dem innerhalb seiner die durch unterschiedliche Lebensverständnisse zusammengehaltenen Weltanschauungs- bzw. Religionsgemeinschaften durch sich selbst das nur für sie und ihre Mitglieder geltende Gemeinschaftsrecht ausbilden und pflegen können. Aus christlicher Sicht ist also zu unterscheiden:

- vom *Kirchenrecht*
- der Horizont des *für alle geltenden Rechts*, und innerhalb dessen
- der Horizont des *staatlichen* – also für alle möglichen Weltanschauungs- bzw.
Religionsgemeinschaften geltenden – *Religionsrechts*, innerhalb dessen sich
- das *staatliche Kirchenrecht* (Staatskirchenrecht) bewegt, neben dem staatlichen
Recht für andere Religionsgemeinschaften, das dann seinerseits der unmittelbare
Kontext des Kirchenrechts selber ist.

Ein Analogon zu dem staatlichen Religionsrecht – und innerhalb seiner dem
Staatskirchenrecht – bietet ganz allgemein das Recht der Verbände, das ebenfalls
innerhalb des für alle geltenden Rechts eigene Regelungsbereiche und -absichten
einrichtet und verfolgt.

3.2.2.3. Damit verbinden sich Differenzen auf seiten des *Regelurhebers*: Regelurheber des für alle geltenden Rechts *kann* nur der Gewaltmonopolist sein, der
Staat. Hingegen *können* Regelurheber des Kirchenrechts bzw. des Rechts der Religionsgemeinschaften nur diese selber sein.

Gleichwohl gilt, daß diese nicht selbst Garanten ihres Rechts und seiner Exekution sein *dürfen*. Das würde das Gewaltmonopol aufheben. Vielmehr ist im
Staatskirchenrecht bzw. im staatlichen Recht der Religionsgemeinschaften zu
klären, unter welchen Bedingungen der Gewaltmonopolist auch das Kirchenrecht und seine Ansprüche bzw. die Ansprüche des Rechts anderer Religionsgemeinschaften garantiert, obwohl er nicht Urheber dieser Normen ist.

3.2.2.4. Das wirft schließlich die Frage nach den *Kriterien der Richtigkeit von Regelungen des Rechts* auf.

Dabei müssen immer zugleich im Blick stehen: Kriterien für die gerichtliche
Gesetzgebung *und* die richtige Gesetzesanwendung sowie für die richtige Einstellung der dem Gesetz Unterworfenen zum gesetzten Recht. Die Frage nach
den Kriterien ist also die Frage nach dem normativen Horizont des gesamten
Rechtslebens.

Aus christlicher Sicht gilt: Dieser Horizont kann nicht neutral sein[47]. Das Recht
ist nicht nur ein aufgrund und innerhalb der ursprünglichen Verfassung und Bestimmung des personalen Lebens und Zusammenlebens unverzichtbares (wesentliches) Element, sondern es steht auch selbst unter dessen wesentlichen Bedingungen. Dazu gehört, wie gezeigt, die unvermeidliche Gebundenheit an ir-
gendein vorreflexiv und vorwissenschaftlich erschlossenes Lebensverständnis.
Alle diese Lebensverständnisse in ihrer nicht vorweg übersehbaren und be-
grenzbaren Vielfalt bilden den realen Normhorizont für jedes überhaupt mögli-

---

[47] Vgl. *Herms* 2000.

che Recht: Für das allgemeine Recht des Staates, für das staatliche Religionsrecht *und* für das eigene Recht der Religionsgemeinschaften. Dabei ist dann freilich jeweils der unterschiedlichen Regelungsaufgabe des Rechts Rechnung zu tragen: Der Regelungsaufgabe des allgemeinen Rechts, des allgemeinen Religionsrechts und des besonderen Rechts der Religionsgemeinschaften.

Als exemplarischen Fall betrachten wir, was sich dann aus der Sicht des christlichen Lebensverständnisses ergibt, nämlich:

- a) Aus christlicher Sicht muß der Bereich des allgemeinen, durch den Gewaltmonopolisten zu setzenden und zu haltenden Rechts unterschieden werden von dem eigenen Recht der Religionsgemeinschaften. In diesem allgemeinen Recht des Staates ist alles zu regeln, was der friedlichen Koexistenz aller unterschiedlichen Überzeugungspositionen und Überzeugungsgemeinschaften hic et nunc dient – freilich auch *nur* das. Dabei sind allen Überzeugungspositionen und -gemeinschaften innerhalb dieses allgemeinen Rechts die gleichen Rechte einzuräumen (die gleichen politischen Rechte).

- b) Das eigene Recht der Religionsgemeinschaften hat aus christlicher Perspektive diejenigen Regelungen zu treffen, deren Befolgung jedem Mitglied der jeweiligen Religionsgemeinschaft und deren Achtung jedem Mitglied der allgemeinen Rechtsgemeinschaft zugemutet werden kann. Dasselbe gilt für das Kirchenrecht selbst.

Es ist also dasselbe Lebensverständnis – hier: eben das christliche –, welches das Kriterium für beide Rechtskreise ist, für das richtige staatliche Recht ebenso wie für das richtige kirchliche Recht. Und das gilt für jede andere Lebensüberzeugung als die christliche ebenso.

Dieses einheitliche Kriterium verlangt selbst die Unterscheidung zwischen dem für alle geltenden Recht und dem Recht der Religionsgemeinschaften. Deshalb führt dieses einheitliche Kriterium auch zur Anerkennung der unterschiedlichen Regelungsabsichten beider Rechtskreise und damit zur Anerkennung unterschiedlicher – nicht jedoch widersprüchlicher – Regelungen des für alle geltenden Rechts und des Rechts der Religionsgemeinschaften.

Damit ist auch die heikle Frage im Prinzip beantwortet, ob das christliche Daseinsverständnis das Kriterium für den Umgang mit dem allgemeinen Recht sein dürfe:

- für Entscheidungen im Rechtssetzungsverfahren

- für Entscheidungen im Rechtssprechungsverfahren

- für die Entscheidung, ob und wann der Schutz des allgemeinen Rechtes angerufen werden soll (etwa durch Anzeige oder Klageerhebung).

In all diesen Fällen kann die Antwort nur positiv ausfallen. Denn andere als aus irgendeiner positiven Weltanschauung/Religion stammende Kriterien hat niemand zur Hand. Der Christ kennt keine andere Möglichkeit, Bürger und Rechtsgenosse zu sein, als auf dem Boden je einer derartigen positiven Überzeugung. Wie er jede andere friedens- und koexistenzfähige Überzeugung als derartigen orientierungskräftigen Boden anerkennt, so sieht er sich selbst auf den Boden seiner Überzeugungen gestellt und an sie gebunden.

Dabei gilt freilich, daß aus christlicher Überzeugung gerade das für alle geltende Recht zu pflegen ist. Nicht als ein Recht auf vermeintlich weltanschaulich neutralem Boden, sondern als – aus der Natur der Sache heraus – an weltanschaulich/religiöse Kriterien gebundenes, aber dabei für die Bindung an unterschiedliche Überzeugungen offenes Recht.

Das heißt in Gesetzgebungsverfahren: Vorzugswürdig ist immer diejenige Regelung, die inhaltlich dem christlichen Lebensverständnis entspricht, aber auch aus der Sicht anderer Lebensverständnisse bejaht werden kann. Keine Anstrengung zur Verständigung in der Sache ist zu unterlassen. Im Extremfall sind Mehrheitsentscheidungen zu respektieren – unter Wahrung des Dissenses in der Sache und Wachhaltung der Absicht, sobald wie möglich zu besseren Gesetzen zu kommen.

Im Rechtssprechungsverfahren (und analog in der Rechtsanwendung in der Exekutive) gilt: Aus christlicher Einsicht heraus ist die Intention des für alle geltenden Rechtes in dieser ihrer alle Seiten gleichbehandelnden Allgemeinheit zur Geltung zu bringen.

Und für Entscheidungen über die Benutzung des Schutzes des Rechts gibt es ebenfalls keine anderen Kriterien als solche, die einer positiven Weltanschauung/Religion entstammen, für den Christen also keine anderen als christliche. Sie verlangen: Den Schutz des Rechtes so in Anspruch zu nehmen, wie es die Aufrechterhaltung von dessen Gültigkeit für alle verlangt. Ein generelles Gebot des Klageverzichts kommt aus christlicher Sicht also jedenfalls nicht in Betracht.

So gilt generell: Das christliche Lebensverständnis verpflichtet auf die Pflege des für alle geltenden Rechtes, verbietet jedoch, in ihm einen Selbstzweck zu sehen. Es hat das Zusammenleben aller unter den Bedingungen des lumen naturae äußerlich so zu regeln, daß dieses die Möglichkeitsbedingung für das Aufleuchten des lumen gratiae bleibt.

Regelungsabsichten des für alle geltenden Rechtes, die darüber hinausgehen – faktisch oder programmatisch – ist mit politischen Mitteln zu widerstehen. Aus der Natur der Sache heraus ist daher wohl die schärfste Konfliktzone das Kulturrecht[48]. So ist etwa die staatliche Schulträgerschaft keineswegs eine genuine Konsequenz des christlichen Rechtsdenkens.

Analoges gilt aus christlicher Sicht für die Beteiligung jeder anderen weltanschaulich/religiösen Überzeugungsposition am Rechtsleben. Jedenfalls für jede andere friedens- und koexistenzfähige Überzeugungsposition.

Solche Friedens- und Koexistenzfähigkeit von weltanschaulich/religiösen Überzeugungspositionen ist jedoch keineswegs selbstverständlich. Sie herrscht nur dort, wo eine Überzeugungsposition sich als den exemplarischen Fall, als kontingente Variation eines Allgemeinen begreifen kann, innerhalb dessen andere Positionen möglich sind und existenzberechtigt im Rahmen der gemeinschaftlichen Welt und d.h. im Rahmen des allgemeinen Rechts. Die Geschichte bietet – in Vergangenheit und Gegenwart – viele Beispiele für Überzeugungspositionen, die diese Bedingungen nicht erfüllen. Dazu zählen nicht nur die früher schon einmal genannten theokratischen Positionen, sondern auch Nationalreligionen wie etwa der Hinduismus und die mit exklusivem Wahrheitsanspruch auftretenden „wissenschaftlichen Weltanschauungen" der nachaufklärerischen westlichen Moderne.

Auch sehr subtile Fälle sind denkbar. So ist etwa auch dort die Offenheit des allgemeinen Rechts für alle koexistenzfähigen Überzeugungspositionen und -gemeinschaften nicht mehr gegeben, wo z.B. eine *Kantische* Begründung (Explikation) des allgemeinen Rechts öffentlich erlaubt und anerkannt ist, eine *christliche* hingegen nicht.

Soweit unsere Antwort auf die Doppelfrage, ob und ggf. *wie* in der theologischen Ethik das Thema Rechtsbegründung behandelt werden muß.

3.3. Das gibt Anlaß für eine kritische Schlußbemerkung. Sie betrifft die Unterscheidung zwischen einer „Begründung" des Rechts in der theologischen Ethik und einer Beschränkung der theologischen Ethik auf eine bloße Betrachtung und Kommentierung des Rechts aus christlicher Sicht bzw. theologischer Perspektive[49]. Diese Unterscheidung ist aus zwei Gründen gegenstandslos:

Erstens wendet sie sich gegen einen unklaren Begriff von Rechts„begründung". Sie rechnet noch mit der Möglichkeit, daß es irgendeine Theorie geben könnte, die für die Rechtspraxis *konstitutive* Bedeutung hätte. Aber diese gibt es – wie gezeigt – nicht.

Zweitens verbindet sie sich tendenziell und faktisch mit der Annahme einer *Autonomie* des Rechtslebens innerhalb des Zusammenlebens. Eine solche Autonomie der funktionalen Subsysteme wird zwar seit Ausgang des 19. Jh.s häufig

---

[48] Vgl. dazu jetzt *Schuck* 2000.
[49] Dafür plädiert *Reuter* 1996.

beschworen – von F. Naumann bis N. Luhmann –, ist aber in der Realität nicht gegeben. Die Realität zeigt vielmehr etwas ganz anderes: Innerhalb einer Gesellschaft existieren alle Subsysteme zusammen. Sie leben in faktischer Omniinterdependenz. Diese wirkt sich auch auf die jeweils dominierenden Subsysteme aus, sie bleiben de facto von den durch sie dominierten und um die ordentliche Erfüllung ihrer eigenen Funktion gebrachten Subsysteme abhängig (z.B. bleibt das Wirtschaftssystem auch dann vom Bildungssystem abhängig, wenn es dieses dominiert und um seine eigenen Leistungen bringt, indem es die Leistungen des Bildungssystems ausschließlich auf die Belange der Wirtschaft engführt). Die durchgehende wechselseitige Abhängigkeit wirkt sich auch für die dominierenden Systeme aus; auch dann, wenn diese auf sie nicht reflektieren, faktisch oder programmatisch nicht. Was in der Realität anzutreffen ist, ist nie etwas anderes als eine Betriebsblindheit des ökonomischen oder wirtschaftlichen Systems, die sich selbst als „Autonomie" vorkommt und von einer an dieser Verblendung teilhabenden Theorie als solche hingestellt wird. De facto ist sie nichts anderes als unaufgeklärte Rücksichtslosigkeit. Damit ist die letzte Frage berührt.

4. Ist eine Behandlung des Themas „Rechtsbegründung" in der theologischen Ethik überflüssig, weil ineffektiv?

Man kann fragen, hat die theologische Ethik *überhaupt* einen Effekt? In dieser Allgemeinheit ist die Frage zu bejahen, und zwar aus kategorialen Gründen. Kein realer Handlungsvollzug – und auch theologische Ethik ist einer – verpufft im Zusammenleben folgenlos, die theologische Ethik sowenig wie etwa die Kantische.

Aber man kann auch nach der Größe und Nachhaltigkeit des Effekts von theologischer Ethik fragen und exemplarisch nach der Größe und der Nachhaltigkeit des Effekts ihrer Behandlung von Fragen der Rechtsbegründung. So gestellt, richtet sich die Frage auf die empirischen Zustände des Zusammenlebens. Ihre Beantwortung hängt davon ab, welche Zustände man in den Blick nimmt.

In Anbetracht der gegenwärtigen Zustände in den westlichen Gesellschaften ist zu bezweifeln, daß der Effekt der theologisch-ethischen Behandlung von Fragen der Rechtsbegründung in der Öffentlichkeit erheblich sein kann. Hier gilt vielmehr: Der gestaltende Einfluß auf die Praxis des Rechts erfolgt nahezu ausschließlich durch die Theoriebildung in den Rechtswissenschaften. Einfluß gewinnen nur solche theoretischen Traditionen, die entweder von der Rechtswissenschaft rezipiert oder auf anderem Wege – etwa als lebensweltliche Faktoren, die die allgemeine Einstellung zum Recht bestimmen – zu direktem Einfluß auf das Rechtsleben gelangt sind.

Aber *dieser* geringe Einfluß der Behandlung des Themas Rechtsbegründung in der theologischen Ethik auf das Rechtsleben und die Rechtswirklichkeit macht dennoch die Beschäftigung mit diesen Themen in der theologischen Ethik keineswegs ipso facto „überflüssig". Und dies aus mehreren Gründen:

Erstens ist diese Beschäftigung nicht überflüssig für das christliche Gesamtleben. Dieses kann nur als Teilkultur innerhalb eines de facto stets multikulturellen Gesamtethos existieren. In dieser Position muß es auch eine Ethik entwickeln, und für diese ist die Behandlung des Themas Rechtsbegründung aus den genannten Gründen unverzichtbar.

Zweitens ist sie aus christlicher Sicht nicht überflüssig für die Gesellschaft im ganzen, weil das Christentum selbst für die Gesellschaft im ganzen nicht überflüssig ist. Das christliche Gesamtleben aber verlangt seine Ethik und diese die Behandlung des Themas „Rechtsbegründung".

Darüber hinaus ist diese Arbeit drittens nicht überflüssig, weil an ihr exemplarisch etwas gelernt werden kann über die Konditionen des Betriebs von Ethik überhaupt: Theologische Ethik macht exemplarisch die Horizontgebundenheit jeder möglichen Ethik deutlich. Und so macht sie auch die Horizontgebundenheit jeder möglichen Rechtsbegründung deutlich - auch jeder innerhalb des Institutionenrahmens der Rechtswissenschaft möglichen[50].

---

[50] Wenn das für die Rechtsbegründung gilt, dann muß es natürlich auch für die Gesetzesauslegung gelten, und wenn für die Gesetzesauslegung, dann auch für die Rechtsbegründung. Daß die Abhängigkeit für die Gesetzesauslegung gilt, ist anerkannt, vgl. etwa: *Böckenförde* 1976, 221–252; *Dreier* 1981a; zur selben Problematik auch *Dreier* 1981b. Weil die Gesetzesauslegung den allgemeinen Bedingungen des Verstehens unterliegt, alles Verstehen jedoch von irgendeinem Vorverständnis der jeweiligen Natur der Sache geleitet ist, kann Dreier ganz zutreffend feststellen, daß auch die Gesetzesauslegung durchgehend von der Vorverständnisproblematik belastet bleibt (*Dreier* 1981a, 126). – Das könnte man zu bestreiten versuchen durch Hinweis darauf, daß der Spielraum der Gesetzesauslegung durch den Kontext aller anderen Gesetzesnormen und vor allem durch ihre Regulierung durch Obernormen der Verfassung und vielleicht auch durch die dominierenden Konsense der Rechtswissenschaft eingeschränkt wird. Mit einer solchen Einschränkung ist in der Tat zu rechnen. Aber erstens: Einschränkung der Problematik ist nicht ihre Beseitigung; das Vorverständnis des Rechtsauslegers kann nirgends ausgeschaltet werden. Zweitens: Das gilt auch für die dominierenden Konsense in der Rechtswissenschaft; sie leben von der Konvergenz der Vorverständnisse derer, die den Konsens tragen. Drittens: Die Obernormen sind ihrerseits auslegungsbedürftig, und bei ihrer Auslegung kehrt das Problem des Vorverständnisses des Auslegers wieder. – Kann man dem durch eine (rechts)wissenschaftliche Theorie der Verfassung oder der Grundrechte begegnen, auf deren Beachtung die Verfassungsauslegung dann zu verpflichten wäre (den exemplarischen Versuch einer solchen Theorie hat vorgelegt: *Alexy* 1985)? Ja, das kann man theoretisch; aber das Problem der Abhängigkeit der Auslegung von einem Vorverständnis wird man damit nicht los, weder im Blick auf die Benutzer einer solchen Verfassungs- bzw. Grundrechtstheorie noch im Blick auf ihre Verfasser. Das Problem des das Verstehen und die Auslegung leitenden Vorverständnisses bleibt. Und zwar eines Vorverständnisses, das den gesamten Gegenstandsbereich der Rechtspraxis und der Rechts-

Als ein solches lehrreiches Exemplar des Betriebs von Ethik überhaupt findet die theologische Ethik dann und solange unbefangene Aufmerksamkeit, wie alle sicher sind, daß sie keinen öffentlichen Einfluß besitzt. Statt Argwohn und Abwehr gewinnt sie unbefangene Aufmerksamkeit just als macht- und einflußloses Exerzitium.

Literatur:

Alexy, R.: Theorie der Grundrechte, 1985.

Böckenförde, E.-W.: Grundrechtstheorie und Grundrechtsinterpretation, in: ders.: Staat, Gesellschaft, Freiheit, 1976, 221–252.

Dilger, K.: Die Entwicklung des islamischen Rechts, in: Schimmel, A. u.a.: Der Islam III, 1990, 60–99.

Dreier, R.: Zur Problematik und Situation der Verfassungsinterpretation, in: ders.: Recht-Moral-Ideologie, 1981, 106–145.

Dreier, R.: Verfassung und Ideologie, in: ders.: Recht-Moral-Ideologie, 1981, 146–179.

Habermas, J.: Erläuterungen zur Diskursethik, 1991.

Habermas, J.: Faktizität und Geltung. Beiträge zur Diskurstheorie des Rechts und des demokratischen Rechtsstaats, 1992.

Herms, E.: Das Kirchenrecht als Thema der theologischen Ethik, in: Zeitschrift für Evangelisches Kirchenrecht 28, 1983, 199–277.

Herms, E.: Luthers Auslegung des Dritten Artikels, 1987.

Herms, E.: Grundzüge eines theologischen Begriffs sozialer Ordnung, in: ders.: Gesellschaft gestalten, Beiträge zur evangelischen Sozialethik, 1991a, 56–94.

wissenschaft, also das Recht, deshalb aber auch den Staat, deshalb aber auch das menschliche Zusammenleben und deshalb auch das Menschsein selbst betrifft und das – weil als Vorverständnis nicht das Ergebnis erfahrungswissenschaftlicher Arbeit, sondern auch diese leitend – kategorialer Art ist (und somit die dauernden Bedingungen für alles mögliche Menschsein enthält). Tatsächlich haben denn auch bedeutende Rechtslehrer und Richter sich jeweils explizit über dieses ihr – jeweils fundamental-anthropologisch begründetes – Gesellschafts-, Staats- und Rechtsverständnis klarzuwerden versucht (vgl. *Schuck* 2000). Es ist nicht möglich, den Einfluß dieser Überzeugungen auf irgendwelche für die Praxis des Rechtslebens irrelevanten Bereiche der Rechtswissenschaft zu beschränken. Dann aber gilt: Der gesamte professionelle Umgang mit der Rechtspraxis – einschließlich der Rechtswissenschaft – ist de facto in so viele unterschiedliche menschenbildabhängige (weltanschauliche) Überzeugungspositionen gespalten wie es de facto herrschende Leitüberzeugungen gibt. Dieser Pluralismus ist mindestens so groß wie der in der konfessionell gespaltenen Theologie, wenn nicht größer.

Herms, E.: Gewalt und Recht in theologischer Sicht, in: ders.: Gesellschaft gestalten, Beiträge zur evangelischen Sozialethik, 1991b, 125–145.

Herms, E., Die Lehre von der Schöpfungsordnung, in: ders., Offenbarung und Glaube, 1992, 431–456.

Herms, E.: Kirche in der Zeit, in: ders.: Kirche für die Welt. Lage und Aufgabe der evangelischen Kirchen im vereinigten Deutschland, 1995a, 231–317.

Herms, E.: Verantwortung in der Verfassung, in: ders.: Kirche für die Welt. Lage und Aufgabe der evangelischen Kirchen im vereinigten Deutschland, 1995b, 441–461.

Herms, E.: Äußere und innere Klarheit des Wortes Gottes bei Paulus, Luther und Schleiermacher, in: Landmesser, C. u.a. (Hg.): Jesus Christus als die Mitte der Schrift, FS O. Hofius, 1997, 3–72.

Herms, E.: Ganzheit als Geschick, Dogmatik als Begriff menschlicher Ganzheitserfahrung und Anleitung zu ihrer Wahrnehmung, in: Drehsen, V. u.a. (Hg.): Der ganze Mensch, FS D. Rössler, 1997.

Herms, E.: Art. Ethik, Begriff und Problemfeld, in: RGG[4], II, 1999a, 1598–1601.

Herms, E.: Art. Ethos, in: RGG[4], II, 1999b, 1640f.

Herms, E.: Art. Gewißheit, in: RGG[4] III, 2000, 909–914.

Luther, M.: Von welltlicher Uberkeytt, wie weyt man yhr gehorsam schuldig sey (1523), in: WA 11, 1900, 245–280.

Luther, M.: Grundschreiben an die Christen in Livland (1525), in: WA 18, 1908, 417–421.

Otto, E.: Ethik des Alten Testaments, 1994.

Reuter, H.-R.: Rechtsethik in theologischer Perspektive. Studien zur Grundlegung und Konkretion, 1996.

Reuter, H.-R.: Art. Rechtsethik in der Neuzeit, in: TRE 28, 1997, 227–245.

Schuck, M.: Die Kulturstaatsdebatte in der Jurisprudenz aus theologischer Sicht, Studien zur kategorialen Fundierung des juristischen Staatsverständnisses, 2000.

Walzer, M.: The Politics of Exile in the Hebrew Bible, Lucaspreisrede 1998 (Veröffentlichung in Vorbereitung).

Michael Beintker

SCHULD UND STRAFE IM STRAFRECHT

Einige Erwägungen aus theologischer Sicht

1. Die lebensdienliche Rolle der iustitia civilis

Es wird zweckmäßig sein, zunächst einige Grundeinsichten des christlichen Glaubens in Erinnerung zu rufen: Die Rechtfertigung des Sünders allein aus Glauben ist in ihrem Kern Vergebung. Die Schuld, die Menschen auf sich geladen haben - Schuld, die ihr Verhältnis zu Gott zerstört und zugleich die menschliche Gemeinschaft belastet und destruiert - wird nur dadurch überwunden, daß Gott sie vergibt und im Vollzug des vergebenden Freispruchs die Voraussetzung für einen Neuanfang legt. Zwischen der Vergebung, die Menschen von Gott empfangen, und der Vergebung, die sie sich untereinander gewähren, besteht ein unlöslicher Zusammenhang. Die fünfte Bitte des Vaterunsers verdeutlicht die Interdependenzen zwischen dem vergebenden Handeln Gottes und der daraus erwachsenden Verpflichtung, sich mit dem um Vergebung bittenden Schuldner auszusöhnen. Während Schuld Gemeinschaft zerstört und Menschen voneinander isoliert, wird durch Vergebung Gemeinschaft wiederhergestellt und erneuert.

Gegen die Zentrifugalkräfte der Schuld, die Menschen zu erbitterten Gegnern machen, steht die Zentripetalkraft der Vergebung, die gerade dort Gemeinschaft eröffnet, wo nach menschlichem Ermessen alles vorbei ist. Das vergebende Handeln zielt gewissermaßen auf die Neugeburt der gestorbenen Gemeinschaft, ihre Auferstehung in die Zukunft *ohne* die Schatten der Vergangenheit – es kann Täter und Opfer, Beleidiger und Erniedrigte, Akteure der Schuld und die von ihr Betroffenen wieder so zusammenfügen, als sei nichts geschehen. Natürlich war etwas geschehen. Das Geschehene wird – anders als bei der Schuldverleugnung – nicht als ungeschehen behandelt, aber es kann nun ohne Zorn wahrgenommen und bedacht werden, weil die Kraft der Vergebung einfach stärker ist als die Last der Schuld.

Das vergebende Handeln, das den Schuldner in die durch die Schuld zerstörte Gemeinschaft zurückzieht, kann im Einzelfall so weit gehen, daß es den Rechtsstandpunkt aufgibt und auf eine gerichtliche Bereinigung der Schuldsituation verzichtet. Die Mahnung des Paulus, nach der die Christen ihre Streitigkeiten nicht vor profanen Gerichten austragen sollen (1. Kor. 6,1-8), Luthers Auffassung, daß ein Christ in der Lage sein müsse, für sich selbst Unrecht zu leiden und sogar auf den Schutz des weltlichen Rechts zu verzichten,[51] oder Calvins Kritik an der "Prozeßwut" vieler Menschen[52] machen dafür hellhörig, daß das Geschenk der Vergebung für die juristische Behandlung von Schuld und Schuldkonflikten keinesfalls bedeutungslos ist. Vor allem auf dem Sektor des Zivilrechts wird man die Christen nicht unter denjenigen vermuten dürfen, denen es zuallererst daran gelegen ist, ihre Rechte um jeden Preis einzuklagen.

Anders verhält es sich hingegen im Hinblick auf Schuldkonstellationen, die strafrechtlich relevant sind, wo Kapitaldelikte wie Mord, Raub, Diebstahl, Brandstiftung, Terror, Vergewaltigung, Erpressung, aber auch sogenannte „Krawattenstraftaten" wie Betrug, Steuerhinterziehung und diverse wirtschaftskriminelle Energien der Klärung und Ahndung bedürfen. Hier auf den Rechtsstandpunkt zu verzichten, hieße das Böse und das Unrecht zu fördern und die Gesellschaft dem Chaos auszuliefern. Die Gesellschaft kann nur dann bestehen, wenn sie die das Zusammenleben ermöglichenden Rechtsgüter schützt, wenn sie die Verletzung dieser Rechtsgüter unter Strafandrohung stellt und in der Lage ist, den Rechtsverletzer mit Strafen und Maßregeln zu belegen. Es gibt Schuldverstrickungen, wo die juristisch geordnete und regulierte Behandlung menschlicher Schuld unverzichtbar und unvermeidbar ist, wo es zwingend wird, daß der Beschuldigte seinem irdischen Richter zugeführt wird und seine irdische Strafe findet.

Als treibendes Movens aller rechtlichen Bemühungen um die Klärung von Schuldtatbeständen und Rechtsgutverletzungen darf ein untergründiges Gerechtigkeitsverlangen erkannt werden. Würde ein Staat die Straftäter ungesühnt laufen lassen, so wäre es um den Rechtsfrieden geschehen. Die Verbindlichkeiten des Rechts gelten für alle. Der Anspruch des Rechts würde aufgelöst werden, wenn die Glieder der Gesellschaft nicht die verbürgte Gewißheit haben könnten, daß das Unrecht angeklagt und bestraft wird. Wenn diese Gewißheit fehlt oder wenn sie nachhaltig erschüttert und enttäuscht wird, dann sind Rechtsunsicherheit, Willkür und beliebige Rechtsauffassungen (im Zweifelsfall bis zur Selbstjustiz) unvermeidlich. Aus verantwortungsethischer Sicht muß die Wahrung des Rechts für alle gefordert werden: „Recht muß Recht bleiben" (Ps. 94,15, Fortsetzung: „... und ihm werden alle frommen Herzen zufallen"). Die Gerechtigkeit,

---

[51] Vgl. M. Luther, Von weltlicher Obrigkeit [1523], WA 11, (229)245-281, hier: 259.
[52] Vgl. J. Calvin, Institutio religionis Christianae [1559], IV, 20, 17.

auf die das Recht zielt und die es im Rahmen seiner begrenzten und fragilen Möglichkeiten zu gewährleisten sucht, erwächst aus der Verantwortung für das Gemeinwohl aller. Das muß vom Bedürfnis nach Vergeltung so scharf wie möglich unterschieden werden. Im Kern geht es darum, daß der durch die Schuld verletzte Rechtsfrieden wiederhergestellt wird und daß Bedingungen geschaffen werden, die einem neuerlichen Aufflammen der zu verfolgenden Schuldtatbestände vorbeugen.

Das juristische Schuldverständnis bleibt – theologisch betrachtet – diesseitig, innerweltlich, mundan. Urteile werden nicht im Namen Gottes, sondern „im Namen des Volkes" gesprochen. Es ist jedoch nicht nebensächlich, ob sich das juristische Schuldverständnis in einer Klammer sieht, die unter dem Vorzeichen der Gerechtigkeit Gottes steht und die auf diese Weise bewußt macht, daß sich kein irdischer Richter mit dem göttlichen Richter und Erbarmer verwechseln darf. Es wird dann nämlich die Relativität der menschlichen Rechtsfindung offenbar – ihre eigene Vergebungsbedürftigkeit. Vor allem kann dann deutlich werden, daß das irdische Recht von der Rechtfertigung des Gottlosen allein aus Glauben nicht einfach unberührt und unerleuchtet bleibt, so klar es andererseits von ihr unterschieden werden muß. Auch hier gilt: Das Gesetz ist nicht das Evangelium. Es darf nicht mit ihm verwechselt werden. Andererseits aber werden das Gesetz in seiner Vorläufigkeit und Überholbarkeit und die Verwiesenheit und Verweisung auf Barmherzigkeit und Gnade im Vollsinn erst durch die Optik des Evangeliums erfaßt.

Gleichwohl muß genau unterschieden werden. Es sind die Unterscheidungen der sogenannten Zwei-Reiche- bzw. Zwei-Regimenten-Lehre, die hier Beachtung finden müssen. Die Kirche proklamiert das Evangelium als „Botschaft von der freien Gnade Gottes" (Barmen VI)[53] und bezeugt damit die in Jesus Christus aufgerichtete Realität der Versöhnung zwischen Gott und Mensch: Die Schuld vor Gott und die Schuld am Mitmenschen stehen hier unter der uneingeschränkten Zusage der Vergebung. Dieser kirchliche Auftrag kann und darf aber mit der rechts- und ordnungspolitischen Aufgabe des Staates weder identifiziert noch verwechselt werden. Das Evangelium ist kein Instrument politischer Herrschaft. Wohl aber gehören das Recht und die Institutionen des Rechts zu den vorzüglichen Instrumentarien derselben. Der Staat hat nach göttlicher Anordnung die Aufgabe, „in der noch nicht erlösten Welt, in der auch die Kirche steht, nach dem Maß menschlicher Einsicht und menschlichen Vermögens unter Androhung und Ausübung von Gewalt für Recht und Frieden zu sorgen" (Barmen

---

[53] Die Barmer Theologische Erklärung. Einführung und Dokumentation, hg. von A. Burgsmüller und R. Weth, Neukirchen-Vluyn ⁶1998, 39.

V).[54] Die Aufgabe der staatlichen Macht bemißt sich an dem Ziel, in der *„noch nicht erlösten Welt"* für Recht und Frieden zu sorgen. Da in der noch nicht erlösten, also von der Anwesenheit der Sünde bestimmten, Welt Recht und Frieden nicht einfach qua Einsicht wachsen, müssen staatliche Instanzen der Verletzung von Rechtsgütern im Bedarfsfall auch unter Androhung und Ausübung von Gewalt abhelfen können.

Gemäß der reformatorischen Grundunterscheidung zwischen der Gerechtigkeit, die vor Gott gilt, und der relativen Gerechtigkeit, deren Handlungssubjekte die Menschen sind, bewegt sich die Rechts- und Sanktionskompetenz staatlicher Gewalt auf der Ebene der *iustitia civilis*. Mit dem Begriff der iustitia civilis erfaßte die reformatorische Zwei-Regimenten-Lehre den Sachverhalt, daß das eine Gemeinschaft zusammenhaltende Recht in den Gestaltungsraum der menschlichen Vernunft (nicht unmittelbar des Glaubens) fällt.[55] In diesem Sinne versteht die herkömmliche evangelische Sozialethik unter iustitia civilis die öffentliche („bürgerliche") Gerechtigkeit bzw. Gerechtigkeitsordnung, die eine staatlich verfaßte Gesellschaft prägen und auszeichnen soll. Sie verpflichtet die Menschen zur Herstellung gedeihlicher, rechtlich gesicherter Lebensverhältnisse, zum Aufbau und zur Pflege von Rechtsordnungen, die dem Schutz des menschlichen Zusammenlebens dienen und es gegen alle Angriffe von innen und außen wirksam verteidigen können. Klare Kriterien zur Unterscheidung von Gut und Böse, von Integrität und Kriminalität, von Rechtsförderung und Rechtsverletzung sind hier unumgänglich, trotz aller damit verbundenen Schwierigkeiten. Wer die Rechtsordnung verletzt, die sich eine Gesellschaft zur Abwehr elementarer Bedrohungen gegeben hat, muß mit eindeutigen Sanktionen und gegebenenfalls mit einschneidenden kriminalpolitischen Maßnahmen rechnen.

Die Dimension der Vergebung, nach der die Identifikation des Schuldners mit seiner Schuld unterbrochen, ja aufgehoben wird, wirkt im Blick auf die Erfordernisse des Rechtsfriedens eigentümlich deplaziert. Denn die juristische Behandlung straffälliger Akteure läuft auf den Nachweis hinaus, daß die Tat dem Täter anzurechnen ist. Sie verfährt auf den ersten Blick weniger täter- als tatorientiert und weist dem Täter die Tat nicht nur nach, sondern auch zu (suum cuique tribuens). Es geht genaugenommen um die Aufrichtung des Rechts zwi-

---

[54] AaO., 38.

[55] Grundlegend für dieses Verständnis der iustitia civilis: Confessio Augustana XVI (BSLK, 70f.; vgl. Apologie XVI, aaO., 307-310); M. Luther, Von weltlicher Obrigkeit (Anm. 1), 247-261. Siehe auch: G. Ebeling, Leitsätze zur Zwei-Reiche-Lehre, in: Ders., Wort und Glaube III, Tübingen 1975, 574-591, hier: 585ff.; Für Recht und Frieden sorgen. Auftrag der Kirche und Aufgabe des Staates nach Barmen V. Theologisches Votum der Evangelischen Kirche der

schen den Tätern und den Opfern, eine Forderung, die nach dem Umbruch des Jahres 1989 und der Wiederherstellung der staatlichen Einheit Deutschlands von den ehemaligen DDR-Bürgerrechtlern wiederholt erhoben worden ist, um die Ahndung des SED-Unrechts einzuklagen. Diese Forderung berührt sich substantiell mit der reformatorischen Legitimierung einer irdischen Bestandsgarantie für die menschliche Gerechtigkeit. An der Verpflichtung zur Wiederherstellung des Rechtsfriedens kommt man nicht vorbei. Wer hier vorschnell Vergebung fordern würde, hätte jedenfalls die Differenzierungen übersehen, die die *rechtfertigungstheologisch verankerte* Zwei-Regimenten-Lehre (sowohl in der Fassung Luthers als auch in derjenigen Calvins) vorgenommen hat.

Wer Barmherzigkeit mit den Tätern fordert, darf das nicht tun, ohne sich in die Perspektive ihrer Opfer zu versetzen. Sie haben zuallererst ein Anrecht auf Schutz und auf Wiedergutmachung. Aussöhnung mit den Tätern auf Kosten der Opfer wäre ein evangeliumswidriges Unterfangen, da uns das Evangelium immer auf die Seite der Schwachen stellt. Natürlich können dann auch die Täter auf die Seite der Schwachen zu stehen kommen, vor allem dann, wenn ihr Fall öffentlich wird und zum Freiheitsentzug führt. Aber zuerst verlangen die Opfer ihr Recht und ihren Anspruch auf Zuwendung.[56] Im Hinblick auf politische Barmherzigkeitskalküle hat Luther um der Opfer willen die politische Obrigkeit zur Barmherzigkeitsabstinenz gegenüber den Tätern aufgefordert, damit die Opfer die Barmherzigkeit des Schutzes ihrer verletzten Rechte überhaupt erfahren können. Er hat das mit folgendem Beispiel verdeutlicht: „Wenn ich Frau und Kinder hätte, Haus und Dienerschaft, Hab und Gut, und ein Dieb überfiele mich, tötete mich in meinem Hause, schändete mir Frau und Kind, nähme dazu, was ich hätte, und sollte dazu noch ohne Strafe bleiben, um dasselbe noch öfter zu tun, wenn er nur wollte - sage mir: Wer wäre wohl der Barmherzigkeit am würdigsten und hätte sie am nötigsten, ich oder der Dieb und Mörder? Hätte ich es nicht ohne Zweifel am nötigsten, daß man sich meiner erbarmt? Wie will man jedoch solche Barmherzigkeit an mir, meiner armen, elenden Frau und den Kindern anders beweisen, als daß man solchen Verbrechern wehrt und mich beschützt und mir Recht verschafft oder aber, wenn er sich nicht abwehren läßt und fortfährt, daß man ihn dem Recht gemäß behandelt, ihn also bestraft, damit er gezwungen wird, sein Treiben zu lassen? Das wäre mir doch eine feine Barm-

Union – Bereich Bundesrepublik Deutschland und Berlin-West, hg. von W. Hüffmeier , Gütersloh 1986, 49-59, 69-72, 84-86.
[56] Wie wenig die Perspektive der Opfer im Blick ist und wie dringlich die hier zu lösenden Aufgaben sind, zeigt der 1996 von Geiselnehmern entführte Jan Philipp Reemtsma (vgl. J. Ph. Reemtsma, Im Keller, Hamburg 1997; Ders., Das Recht des Opfers auf Bestrafung des Täters – als Problem, München 1999).

herzigkeit, dem Dieb und Mörder gegenüber barmherzig zu sein und zuzusehen, wie ich von ihm ermordet, geschändet und beraubt werde."[57] Luthers Überlegung zeigt, daß es äußerst kurzschlüssig wäre, das Recht gegen die Barmherzigkeit auszuspielen.[58] Indem nämlich das Recht auf den Schutz des irdischen Lebens zielt, wird es sich denjenigen gegenüber, die diesen Schutz erfahren und genießen, als eine lebensdienliche Wohltat erweisen. Fürchten müssen das Recht nur diejenigen, die es in ihrem Handeln bewußt ignorieren und mißachten (vgl. hierzu Röm. 13,3).

Das vergebende Handeln kann um des Schutzes des irdischen Lebens willen den Rechtsstandpunkt nicht einfach überspringen. Es müßte dann mit dem – berechtigten – Vorwurf existieren, die Forderungen der iustitia civilis preiszugeben und das menschenmögliche Bemühen um eine wirksame Verteidigung der Gesellschaft gegen die äußeren Angriffe des Bösen zu konterkarieren. Es bleibt – sofern verantwortungsethisch gedacht und agiert werden soll – kein anderer Weg als die Inkaufnahme einer deutlichen Spannung zwischen der aus Gottes Vergebungshandeln erwachsenden Verpflichtung zur Vergebung einerseits und der Respektierung des Rechts, das die Belange der Gemeinschaft regelt, andererseits. Auch wenn Vergebung gewährt wird, bleiben die Rechtsfolgen in Geltung, die aus der staatlichen Strafverfolgung erwachsen. Allenfalls kann gesagt werden, daß sich bestimmte Einsichten, die aus der Praxis der Vergebung resultieren, auch in der Gestaltung der rechtlich geordneten Strafverfolgung auswirken können und tatsächlich auch auswirken *sollen* (siehe unten unter 4).

Man kann sich diese Komplikation für das vergebende Handeln an Luthers Auslegungen des sogenannten Schalksknechtgleichnisses (Mt. 18, 23-35) verdeutlichen,[59] das wie kaum ein anderer biblischer Text geeignet ist, gerade die uneingeschränkte Vergebungsverpflichtung des Menschen, der von Gottes Vergebung lebt, herauszuarbeiten. Die Reziprozität zwischen dem göttlichen Erbarmen mit dem Sünder und der Vergebungsbereitschaft des gerechtfertigten Menschen ist von Luther eindrücklich dargelegt worden, berührt sie doch den Nerv des Rechtfertigungsgeschehens überhaupt: „Bleib du schlicht einfältiglich bei den Worten des Evangeliums, daß dir deine Sünden so oft vergeben werden,

---

[57] M. Luther, Ein Sendbrief von dem harten Büchlein wider die Bauern [1525], WA 18, (375)384-401, hier: 390, Z.23-35 (modernisierte Fassung nach Martin Luther-Taschenausgabe, Bd. 5, Berlin 1982, 92f.).

[58] Es sei an das für das Alte Testament bedeutsame Rechtsverlangen des ins Unrecht gesetzten Frommen erinnert: „Herr, schaffe mir Recht!" (Ps. 26,1). Vgl. B. Janowski, JHWH der Richter – ein rettender Gott. Psalm 7 und das Motiv des Gottesgerichts, JBTh 9 (1994), 53-85.

[59] Folgende Predigten und Auslegungen Luthers zu Mt. 18, 23-35 wurden herangezogen: WA 9, 422 [1519]; WA 12, 673-688 [1523]; WA 15, 724-734 [1524]; WA 29, 591-597 [1529]; WA 32, 159-169 [1530]; WA 52, 521-529 [1544].

wie oft du deinem Bruder vergibst, demselben sollst du so oft verzeihen, so oft er wider dich sündigt".[60] Aber zugleich hat Luther sich nicht gescheut, im Blick auf die überindividuellen Ordnungsgefüge der Gesellschaft einen hermeneutischen Sperrvermerk anzubringen, den er gerne an den Anfang seiner Auslegung rückte:

„Aber hier müssen wir sonderlich merken auf das Wörtlein, das der Herr sagt: Das Himmelreich sei gleich einem König, der mit seinen Knechten rechnen wollte. Denn solches Gebot von der Vergebung der Sünden soll man nicht in das weltliche Reich ziehen, da Ämter und Personen ungleich sind, und deshalb immerdar eines über das andere Macht und Befehl hat, damit man nicht der Bosheit zusieht und jedermann wollte tun lassen, was ihn gelüstet, sondern daß man das Übel strafen und die Leute zu Zucht, Ehrbarkeit und Billigkeit halten soll. Darum hat es [das Gebot von der Vergebung der Sünden] nicht die Meinung, daß ein Vater seinen Kindern alles vergeben und ihnen zu ihrer Schalkhaftigkeit zusehen sollte. Strafen soll er und gar nichts vergeben. Ebenso Herr und Frau mit dem Gesinde, weltliche Obrigkeit mit ihren Untertanen sollen nicht vergeben, was man unrecht tut, sondern strafen. Denn die Unart steckt ohnedies in der Welt, je mehr man übersieht, desto ärger und böser wird sie ..."[61] Es ist zu beachten, daß als Alternative zur Vergebung nicht die Vergeltung, sondern die Bestrafung in Betracht kommt. Und die Bestrafung zielt auf Einsicht und Besserung seitens der zu Bestrafenden. So fügte Luther ausdrücklich hinzu: „.... letztlich, wo die Kinder von Vater und Mutter sich nicht wollen [er]ziehen lassen, der Henker sie [er]ziehen und der Bosheit wehren muß."[62] Calvin hat in der Sache nicht anders geurteilt als Luther, wenn er das Gleichnis ekklesiologisch interpretierte und das Himmelreich auf den geistlichen Zustand der Gemeinde hin deutete: auf die Vergebung, die die Glieder der Gemeinde einander schuldig sind.[63]

Auch wenn es Gründe genug gibt, Luthers Auffassung über den Sinn des Strafens einzuschränken bzw. geschichtlich zu relativieren und auch wesentlich modifizierter über die den Eltern zukommende erzieherische Autorität zu sprechen, verdient doch ein Gesichtspunkt Aufmerksamkeit, der über der Entrüstung angesichts so derber Aussagen rasch übersehen wird: Es sind *bestimmte Personen* in *bestimmten Funktionen*, denen eine Sanktionskompetenz zuerkannt wird: Eltern, Hausherren und -frauen, Vorgesetzte, Personen in obrigkeitlichen Ämtern. Da-

---

[60] WA 15, 731, Z.36-732, Z.5. (Wortlaut modernisiert).
[61] WA 52, 521, Z.31-522, Z.6 (Wortlaut modernisiert). – Vgl. ähnlich: WA 12, 675f.; WA 32, 159f.
[62] WA 52, 522, Z.6f. (Wortlaut modernisiert).
[63] Vgl. J. Calvin, Auslegung der Evangelienharmonie, Bd. 2, Neukirchen-Vluyn 1974 (= Johannes Calvins Auslegung der Heiligen Schrift, Neue Reihe 13/2), 110-113.

mit wird gleichzeitig der Mehrheit der Menschen eine solche Kompetenz abge-sprochen. Das innerweltliche Verfahren zum Aufweisen und Identifizieren von Schuld wird funktional reguliert und der nervösen Willkür öffentlicher (und auch privater) Schulddebatten, in denen sich jeder als Richter des anderen auf-spielen kann, entzogen. Gegenüber der Unbarmherzigkeit und Gnadenlosigkeit des Anprangerns fremder Schuld, das nicht selten gerade die Gerechten in sei-nen Bann zieht, nimmt sich der Versuch zur Festlegung von Zuständigkeiten und Ordnungen für die Klärung von Schuldfragen schon fast als ein Akt der Barmherzigkeit aus. Im Unterschied zu den üblichen Verwerfungsurteilen, die über den Taten die Person der Täter aus den Augen verlieren, und nicht willens sind, sich in ihre Lage zu versetzen, zielt die recht praktizierte iustitia civilis auf Genauigkeit, auf Wahrheitsfindung und auf angemessene Urteile.

Hierfür beispielhaft ist Luthers Auslegung des 8. Gebots im Großen Katechis-mus,[64] die man als eine summarische Grundlegung eines ethisch und rechtlich geordneten Umgangs mit menschlicher Schuld lesen muß und die darin zutiefst human ist, daß sie dem Individuum jedes Recht zur moralischen Überheblichkeit abspricht: „Deshalb sollen wir merken solch Untugend zu meiden, daß niemand gesetzt ist, seinen Nächsten öffentlich zu urteilen und zu strafen, obgleich er ihn siehet sündigen, er habe denn Befehl zu richten und zu strafen; denn es ist gar ein großer Unterschied zwischen den zweien: Sünde richten und Sünde wissen. Wissen magst Du sie wohl, aber richten sollst Du sie nicht. Sehen und hören kann ich wohl, daß mein Nächster sündigt, aber ihn bei anderen ins Gerede bringen, habe ich keinen Auftrag. Wenn ich nun zufahre, richte und urteile, so falle ich in eine Sünde, die größer ist denn jene. Weißt Du es aber, so tue nichts anderes, denn aus den Ohren ein Grab zu machen und es zuzuscharren, bis daß Dir befohlen werde, Richter zu sein und von Amts wegen zu strafen."[65]

2. Das juristische Schuldprinzip

Nulla poena sine culpa: Das Schuldprinzip bildet das Rückgrat der rechtlich ge-ordneten Strafgerichtsbarkeit und gehört zu den elementarsten Rechtsprinzipien überhaupt. Niemand darf schuldlos verurteilt werden. Tritt dieser Fall doch ein, so handelt es sich entweder um einen Justizirrtum oder um Willkürjustiz als Folge organisierter Rechtsbeugung, wie wir sie in totalitären Staaten antreffen. Und: Schuld muß bewiesen werden. Der Beschuldigte hat ein Recht darauf, in einem ordentlichen Verfahren seiner Schuld überführt zu werden. Gelingt das nicht, so muß er freigesprochen werden, selbst wenn er sich schuldig gemacht

---

[64] Vgl. BSLK, 624-633.

hätte. Im geltenden deutschen Strafgesetzbuch[66] taucht das Schuldprinzip bei der Frage der Strafbemessung auf, während die zu verfolgenden Rechtsverletzungen unter dem Oberbegriff der „Tat" (§§ 13-37 StGB) zusammengefaßt werden. Zwischen der Schwere der Tat sowie der Tatfolgen und dem Maß der Schuld besteht allerdings ein unlöslicher Zusammenhang, sofern der Straftäter als ein schuldhaft Handelnder und zugleich als eine schuldfähige Person betrachtet werden kann. „Die Schuld des Täters ist Grundlage für die Zumessung der Strafe. Die Wirkungen, die von der Strafe für das künftige Leben des Täters in der Gesellschaft zu erwarten sind, sind zu berücksichtigen." (§ 46,1 StGB) „Bei der Zumessung wägt das Gericht die Umstände, die für und gegen den Täter sprechen, gegeneinander ab." (§ 46,2 StGB) Für die Urteilsfindung kommen in Betracht: Die Beweggründe und Ziele des Täters, die Gesinnung, die aus der Tat spricht, und der bei der Tat aufgewendete Wille, das Maß der Pflichtwidrigkeit, die Art der Ausführung und die verschuldeten Auswirkungen der Tat, ferner das Vorleben des Täters und seine persönlichen und wirtschaftlichen Verhältnisse sowie sein Verhalten nach der Tat, „besonders sein Bemühen, den Schaden wiedergutzumachen" und „einen Ausgleich mit dem Verletzten zu erreichen" (ebd.).

Angesichts der großen Bedeutung, die dem Schuldprinzip in der Rechtsprechung zukommt, ist die Zurückhaltung gegenüber seiner rechtstheoretischen Durchdringung und Abklärung bemerkenswert. Es ist rechtsdogmatisch keineswegs eindeutig, was Juristen unter „Schuld" verstehen.[67] Im juristischen Alltag – hier: im Strafprozeß – wird Schuld als Rechtsverletzung bzw. als Verletzung eines Rechtsguts betrachtet, für die der jeweilige Täter als Verantwortlicher angesprochen werden kann. Das Schuldprinzip erweist sich de facto als ein Verantwortungsbemessungsprinzip für die rechtliche Behandlung einer Straftat. Die Leitfrage ist immer die, ob und in welchem Sinne dem Täter aus der Tat einen Vorwurf gemacht werden kann, ob und in welchem Sinne seine Tat unter ein Unwerturteil gestellt werden kann, das eine strafende Einwirkung auf den Täter nach sich ziehen wird. Maßgebend hierfür ist die Entscheidung des Großen Se-

---

[65] AaO., 627, Z. 17-34 (Wortlaut modernisiert).

[66] Den Ausführungen liegt folgende Ausgabe zugrunde: Strafgesetzbuch mit Erläuterungen, hg von K. Lackner, München ²1997; vgl. auch Strafgesetzbuch mit Einführungsgesetz, Wehrstrafgesetz, Wirtschaftsgesetz, Betäubungsmittelgesetz, Versammlungsgesetz, Auszügen aus dem Jugendgerichtsgesetz und Ordnungswidrigkeitengesetz sowie anderer Vorschriften des Nebenstrafrechts. Textausgabe mit ausführlichem Sachregister und einer Einführung von H.-H. Jeschek, 29. Aufl., Stand 15. Dezember 1994, München 1994.

[67] Vgl. hierzu die erhellenden Analysen bei St. Stübinger, Schuld, Strafrecht und Geschichte. Die Entstehung der Schuldzurechung in der deutschen Strafrechtshistorie, Köln/Weimar/Wien 2000, bes. 13-20, 378-401.

nats für Strafsachen beim Bundesgerichtshof: „Mit dem Unwerturteil der Schuld wird dem Täter vorgeworfen, daß er sich nicht rechtmäßig verhalten, daß er sich für das Unrecht entschieden hat, obwohl er sich rechtmäßig verhalten, sich für das Recht hätte entscheiden können ..."[68]

Für die Feststellung der Schuld ist neben der Abwägung der Umstände, die für und gegen den Täter sprechen, primär das kodifizierte Strafrecht ausschlaggebend, dessen Normen im Hinblick auf die Tat und die Persönlichkeit des Täters auszulegen sind. Deshalb spricht man von einem normativen Schuldbegriff (im Unterschied zum traditionellen Schuldbegriff der reinen „Erfolgshaftung" und zum neueren psychologischen Schuldbegriff, der an der psychischen Täter-Tat-Beziehung ausgerichtet war). Der normative Schuldbegriff hat sich in der deutschen Rechtsprechung durchgesetzt. Er besitzt den Vorzug größtmöglicher Sachlichkeit und Objektivität. Er widerstreitet der Vermengung juristischer und moralischer Schuldvorwürfe. Und er beschränkt sich eisern auf das sogenannte Gesetzlichkeitsprinzip (nullum crimen sine lege), mit dem das deutsche Strafgesetzbuch in wörtlicher Übereinstimmung mit dem Artikel 103,2 des Grundgesetzes eröffnet wird: „Eine Tat kann nur bestraft werden, wenn die Strafbarkeit gesetzlich bestimmt war, bevor die Tat begangen wurde." (§ 1 StGB)

Diese Verfassungsgarantie zeichnet den Rechtsstaat aus. Man kann auch sagen: Die Schuld muß normativ bestimmt sein, bevor dem Täter ein Schuldvorwurf gemacht werden darf (nulla poena sine lege). Aus diesem Grunde konnten z.B. Straftatbestände aus der früheren DDR nach der Wiederherstellung der deutschen Einheit nicht einfach nach bundesdeutschem Recht geahndet werden. Schuld, die nicht normativ ermittelt werden kann, ist für das Recht nicht existent und darf den Richter nicht interessieren. Hieran läßt sich die Differenz zwischen dem juristischen Schuldprinzip und dem sittlichen Schuldverständnis (um vom theologischen Schuldbegriff gar nicht erst zu reden) ablesen. Menschen werden schuldig, ohne vom juristischen Schuldprinzip tangiert zu werden. Das juristische Schuldprinzip erfaßt nur die strafrechtlich definierten Taten. Es orientiert sich ausschließlich am „ethischen Minimum" (Georg Jellinek[69]) derjenigen Sach-

---

[68] Entscheidungen des Bundesgerichtshofes in Strafsachen (BGHSt) 2, 194, 200, zitiert nach C. Roxin, Zur Problematik des Schuldstrafrechts, ZStW 96 (1984), 641-660, hier: 642, Anm. 4. Weiter heißt es: „... Der innere Grund des Schuldvorwurfs liegt darin, daß der Mensch auf freie, verantwortliche, sittliche Selbstbestimmung angelegt und deshalb befähigt ist, sich für das Recht und gegen das Unrecht zu entscheiden ..., sobald er die sittliche Reife erlangt hat und solange die Anlage zur freien sittlichen Selbstbestimmung nicht ... vorübergehend gelähmt oder auf Dauer zerstört ist" (ebd.).

[69] G. Jellinek, Die sozialethische Bedeutung von Recht, Unrecht und Strafe, Hildesheim 1967 (= Reprografischer Nachdruck der Ausgabe Wien 1878), 42: „Das Recht ist nichts Anderes als das *ethische Minimum*."

verhalte, die die Gesellschaft in ihrer Gesetzgebung als Rechtsgut ausgezeichnet und unter den Schutz des Rechts gestellt hat. Man kann vom Recht wohl eine Stärkung des allgemeinen Rechts- und Unrechtsbewußtseins erwarten, nicht a- ber eo ipso eine Förderung der Moralität. Es hieße, die Reichweite des Rechts zu überschätzen, wenn man von ihm unmittelbar eine Anhebung des ethischen Niveaus der Gesellschaft erwarten würde oder dieses womöglich sogar mit Rechtsmitteln fördern wollte. Legalität darf nicht mit Moralität verwechselt werden.[70] Moralität setzt nämlich die freie Einsicht der Glieder der Gesellschaft voraus. Sie von Gesetzes wegen einzufordern hieße, den Staat zum Zwangs- und Erziehungsstaat zu pervertieren.

Was wir zu beschreiben versuchten, könnte man – im Unterschied zum ethischen oder gar theologischen Verständnis von Schuld – den rechtspragmatischen Umgang mit dem Schuldprinzip nennen. Er macht das Schuldprinzip durch vorgegebene Normierungen handhabbar. Er bemißt die Vorwerfbarkeit der Tat an der Verantwortungsfähigkeit oder Zurechnungsfähigkeit des Straftäters. Er gestattet differenzierte Abstufungen in der strafrechtlichen Würdigung des schuldhaften Verhaltens. Wenn die juristisch relevante Schuld als „die bewußte und gewollte Entscheidung zum Unrecht, d. h. zur Verletzung oder Gefährdung eines Rechtsguts" definiert werden kann,[71] dann ist mit einer Vielzahl von schuldmindernden Faktoren zu rechnen, ja mit Schuldausschließungsgründen, die in die Urteilsfindung eines Gerichts eingehen können. Denn man muß jeweils klären, wann eine Tat als bewußte und gewollte Unrechtsentscheidung klassifizierbar ist, um dem Täter die ihm zukommende Gerechtigkeit widerfahren zu lassen.

So spielt es eine erhebliche Rolle, ob die Tat vorsätzlich oder fahrlässig ausgeführt wurde, ob der Täter absichtlich, in direktem oder nur in bedingtem Vorsatz, handelte, ob er sich in einem Verbotsirrtum befand, d.h. ob er die Tat irrtümlicherweise für erlaubt hielt, ob er die Rechtsverletzung aus einem Notstand heraus ausführte oder ob er wegen tiefgreifender seelischer Störungen nur als vermindert schuldfähig betrachtet werden kann. In jedem Fall gilt die Fahrlässigkeit in juristischer Sicht als die mindere Schuldform, obwohl die mit ihr verbundenen Schuldfolgen oft sehr gravierend sein können und ethisch gesehen wie eine schwere Last auf dem fahrlässig schuldhaft Handelnden liegen werden (z.B. der Lokführer, der ein Signal übersah und den Tod vieler Personen herbei-

---

[70] Vgl. I. Kant, Metaphysik der Sitten, Einleitung III; Ders., Die Religion innerhalb der Grenzen der bloßen Vernunft, Drittes Stück, 1. Abt., I-III.

[71] A. Kaufmann, Schuld in der zeitgenössischen Rechtsprechung und Lehre, in: G. Haeffner (Hg.), Schuld und Schuldbewältigung. Keine Zukunft ohne Auseinandersetzung mit der Vergangenheit, Düsseldorf 1993, 44-74, hier: 70 (im Text kursiv).

führte). Die Differenz zwischen der ethischen und juristischen Perspektive wird schließlich anhand jener Fälle offenkundig, wo zwar ganz eindeutig Schuld aufweisbar ist, aber wegen der Täterpersönlichkeit juristisch auf Schuldunfähigkeit erkannt werden muß. So gelten Personen als schuldunfähig, die bei Begehung der Tat noch nicht 14 Jahre alt waren (§ 19 StGB), ferner Personen, die wegen psychotischer Störungen oder schwerer geistiger Behinderungen unfähig sind, das Unrecht der Tat einzusehen oder einsichtsvoll zu handeln (§ 20 StGB). Das besondere Jugendstrafrecht trägt dem Umstand Rechnung, daß Jugendlichen zwischen 14 und 18 Jahren zumeist die Reife fehlt, das Unrecht ihrer Tat in vollem Umfang einzusehen und nach dieser Einsicht zu handeln (§ 3 des Jugendgerichtsgesetzes [JGG]).

Das juristische Schuldprinzip unterscheidet sich also vom ethischen Schuldverständnis dadurch, daß es den rechtlich definierten „Fall" in die Schuld nach rechtsstaatlichen Prinzipien bearbeitbar zu machen sucht. Es muß um klare Kriterien bemüht sein und die Schuld sorgfältig eingrenzen, um sie den Beschuldigten vorwerfen zu können. Es kennt im Hinblick auf die angedeuteten Grenzfälle sogar Verbrechen ohne vorwerfbare Schuld, weil es die Schuldfrage über die Schuldfähigkeit des Straftäters angehen muß.

Angesichts der Affinität des Schuldgedankens zu Theologie und Moral, des Unbehagens gegenüber dem Schuldvorwurf in der gerichtlichen Urteilsfindung, der Einsicht in die Formalisierungen der Rechtspraxis und der menschlichen Unwägbarkeit der Schuld sowie des Erfordernisses der idealtypischen normativen Ansprechbarkeit des Täters hat sich in jüngerer Zeit die Frage verstärkt, ob es nicht zweckmäßig sei, das juristische Schuldprinzip aufzugeben: „Während eine bis vor kurzem vorherrschende Meinung annimmt, daß die Möglichkeit, schuldig zu werden, ein Wesensmerkmal des Menschen sei, daß die Schuld vom Richter festgestellt werden könne und daß sie allein den Staat berechtige, jemanden für seine Tat verantwortlich zu machen, vertritt eine andere, heute namentlich im westlichen Ausland verbreitete Lehre die Auffassung, daß ein metaphysisches Phänomen wie die Schuld entweder nicht existiere oder doch wenigstens wissenschaftlicher Erkenntnis nicht zugänglich sei, daß folglich das Strafrecht auf sie nicht gegründet werden könne und daß nur der rationale Zweck einer Sicherung der Gesellschaft (*'soziale Verteidigung'*) staatliche Maßnahmen gegen den Rechtsbrecher legitimieren könne."[72]

Diese Auffassung neigt dazu, die Strafe ausschließlich in den Horizont der Resozialisierung des Straftäters zu rücken. Statt an der Schuld orientiert sie sich an der Besserungsbedürftigkeit des Täters und muß demzufolge die Strafe in eine Erziehungsmaßnahme umwandeln, die die Sozialgefährlichkeit des Täters

[72] C. Roxin, Art. Schuld II. Im Strafrecht, EStL³, 3060-3066, hier: 3060.

Erziehungsmaßnahme umwandeln, die die Sozialgefährlichkeit des Täters zur Sozialverträglichkeit umformt. Auch wenn damit ein unverzichtbares Element des Strafvollzugs angesprochen wird, muß doch einer generellen Verabschiedung des Schuldprinzips widersprochen werden. Und das aus drei Gründen:

Erstens: Die Transformation des Schuldvorwurfs in den Vorwurf sozialer Unverträglichkeit entschärft das Schuldproblem zu einem sozialen Betriebsunfall, der erzieherisch überwunden werden soll. Auf diese Weise wird eine wesentlich Dimension der Resozialisierung eliminiert: daß nämlich der Täter sich mit seiner Schuld auseinandersetzt, auf dem Weg der Reue neue Einsichten gewinnt und in freier Erkenntnisarbeit zu einem Rechtsbewußtsein und hoffentlich auch zu ethischen Einsichten gelangt, die ihn in die Lage versetzen, nicht rückfällig zu werden.

Zweitens: Ein reines Resozialisierungsstrafrecht birgt die Tendenz in sich, daß die zur Besserung des Straftäters ergriffenen Maßnahmen das der Würde der Person zumutbare Maß überschreiten, indem z.B. der Verurteilte so lange der Sozialtherapie ausgesetzt wird, bis sich ein Erfolg einstellt. Wie ist etwa mit Personen zu verfahren, die nicht resozialisiert werden können, weil sie gar nicht resozialisiert werden wollen? Oder mit solchen, die nicht resozialisiert werden können, weil sie noch nie sozialisiert waren? Was geschieht mit hartnäckigen Rückfalltätern? Was geschieht mit den immer wieder rückfälligen Leichtkriminellen? Müßte man sie nicht auf unabsehbare Zeit von der Gesellschaft isolieren, obwohl der Schuldgehalt ihrer vergleichsweise geringfügigen Taten einen so einschneidenden Eingriff in die persönliche Freiheit gar nicht rechtfertigt?[73] Demgegenüber fungiert das Schuldprinzip als effektives Kriterium zur Strafbegrenzung. Die Verhältnismäßigkeit zwischen Schuld und Strafe fordert zwingend, daß die Strafe das Maß der Schuld auch nicht überschreiten darf. So betrachtet schützt das Schuldprinzip „den einzelnen vor der Übermacht einer persönlichkeitsvergewaltigenden Staatsgewalt".[74]

Drittens: Das Schuldprinzip ist am ehesten geeignet, den Beschuldigten als entscheidungsfähige, verantwortliche Persönlichkeit zu betrachten und als mündigen Bürger anzusprechen. Es führt insofern aus dem Dilemma des Streits um den Determinismus und Indeterminismus, der sich an der Frage der dem Täter zuzuerkennenden Willensfreiheit entzündet, heraus, als es den Täter als verantwortliches Rechtssubjekt begreift. Als Kriterium fungiert hier die normative Ansprechbarkeit des Täters zum Zeitpunkt der Tat. Läßt es sich bejahen, daß der

---

[73] Vgl. aaO., 3062
[74] C. Roxin, Sinn und Grenzen staatlicher Strafe, Juristische Schulung 6 (1966), 377-387, hier: 384.

Täter im Augenblick der Tat grundsätzlich normativ ansprechbar war, „so wird
er als frei behandelt. Läßt sich die normative Ansprechbarkeit dagegen nicht
feststellen, sieht ihn die Rechtsordnung als schuldunfähig an und läßt ihn unbe-
helligt oder unterwirft ihn anderen Rechtsfolgen als der Strafe".[75] Anders gesagt:
Sofern nicht Schuldunfähigkeit nachgewiesen werden kann, wird der Täter
grundgesetzkonform als Persönlichkeit respektiert, die zur freien Entfaltung ihrer Menschenwürde bestimmt ist. Daraus ergibt sich für die Legislative, die Exekutive und die rechtsprechende Gewalt folgendes Verfassungsgebot: „Ihr sollt
den Bürger als freien, verantwortungsfähigen Menschen behandeln!"[76]

Gegenüber einer Verabschiedung des Schuldprinzips aus dem Strafrecht ist also Vorsicht geboten. Die Theologie wird die Jurisprudenz nicht darin bestärken
können, einen „metaphysisch verdächtigen" Sachverhalt einfach aufzugeben
und zum bloßen Sicherungsstrafrecht überzugehen, das den Täter faktisch nicht
mehr als verantwortliches Rechtssubjekt, sondern als Objekt erzieherischer Ein-
wirkungen des Staates betrachten muß. Wohin der reine Erziehungsgedanke
pervertieren kann, haben die Straflager in totalitären Staaten mit ihren men-
schenverachtenden Methoden der Manipulation und Gehirnwäsche überdeutlich gezeigt. Ein Rechtsstaat sollte das Schuldprinzip respektieren. Wie es keine
Vergebung ohne Schulderkenntnis gibt, so kann es auch keine Resozialisierung
ohne Schuldeinsicht und innere Auseinandersetzung des Täters mit seiner
Schuld geben.[77] Für das Gespräch zwischen Rechtstheorie und Theologie tun
sich an dieser Stelle gewichtige Diskussionsfelder auf. Sie werden praktisch entweder nicht genutzt oder aber gar nicht mehr gesehen. Wünschenswert wäre
hier ein viel engerer Kontakt zwischen den beiden ältesten Fakultäten der Universität, als er wohl jemals gang und gäbe war.

3. Zielsetzungen staatlichen Strafens

[75] C. Roxin, Zur Problematik des Schuldstrafrechts (Anm. 18), 652f.

[76] AaO., 650. – Roxin bemerkt erläuternd: „Es geht also bei der Annahme menschlicher
Entscheidungsfreiheit nicht um eine Seinsaussage, sondern um ein rechtliches Regelungs-
prinzip. Ich habe oft Mühe, mit dieser Behauptung, die den Streit um die Willensfreiheit für
das Strafrecht gegenstandslos macht, das rechte Verständnis zu finden. Und doch steht es mit
der Freiheit des Menschen im Recht nicht anders als z.B. mit der Gleichheit. Wenn die
Rechtsordnung von der Gleichheit aller Menschen ausgeht, stellt sie nicht den unsinnigen
Satz auf, daß die Menschen tatsächlich alle gleich seien, sondern sie ordnet an, daß die Menschen vor dem Gesetz eine gleiche Behandlung erfahren sollen." (aaO., 650f.).

[77] Vgl. A. Kaufmann, Das Schuldprinzip. Eine strafrechtlich-rechtsphilosophische Untersuchung, Heidelberg [2]1976, 217ff.

Die Strafe, zu der ein für schuldig Befundener verurteilt wird, muß formal als Rechtsfolge seiner Schuld betrachtet werden.[78] Als Gegenstück zur Belohnung, die Gutes mit Gutem vergilt, fügt sie dem, der übel gehandelt hat, ein in Relation zum Charakter der Tat bemessenes Übel zu. Seine Tat wird durch Übelzufügung vergolten. So heißt es schon bei Hugo Grotius: „Poena est malum passionis, quod infligitur propter malum actionis".[79] Für das Leiden, das der Verbrecher anderen zugefügt hat, muß er nun selber leiden. Die traditionelle Straftheorie sah darin die Wiederherstellung der durch die Tat zerstörten Gerechtigkeit zum Zuge kommen. Man fragte nicht nach dem Zweck der Strafe und ihrer Auswirkung auf das zukünftige Leben des Täters. Vielmehr postulierte man die strafende Aufrichtung der Gerechtigkeit und die Wiederherstellung des Rechts als solchen. Die zweckfrei gedachte Strafverhängung, wie sie noch Kant und Hegel forderten, ist Kennzeichen einer absoluten Straftheorie. Sie wird entweder konsequent über die Idee der strafenden Vergeltung der Unrechtstat aufgebaut oder sucht die Rechtfertigung der Strafe in der Sühne des Täters, d.h. in der schmerzhaften Selbsterkenntnis seiner Verfehlung und der freiwilligen Schuldübernahme, durch die er mit der Gemeinschaft wieder „in Ordnung" kommen soll.

In den seit 200 Jahren unter dem Einfluß der Einsichten der Aufklärung geführten Strafrechtsdiskussionen gelangte man, ganz unabhängig von der theologisch gebotenen Problematisierung des Vergeltungsgedankens, immer deutlicher zu einer Abschwächung, ja teilweise zu einer Verwerfung des Vergeltungsaspekts. Man erkennt: Die Strafe wird überfordert, wenn man von ihr eine Wiederherstellung der zerstörten Gerechtigkeit erhofft. Hier treffen sich juristische Reflexionen mit vergebungstheologischen Auffassungen. Es kommt an den Tag,

---

[78] Zur Diskussion über den Sinn staatlichen Strafens vgl. die in den Anmerkungen 18, 21, 22 u. 27 genannten Arbeiten von C. Roxin und A. Kaufmann. Ferner: H. Kaiser, Widerspruch und harte Behandlung. Zur Rechtfertigung von Strafe, Berlin 1999 (= Strafrechtliche Abhandlungen NF 124); C. Roxin, Zur jüngsten Diskussion über Schuld, Prävention und Verantwortlichkeit im Strafrecht, in: Fschr. für P. Bockelmann zum 70. Geburtstag, München 1979, 279-309. – Beiträge von theologischer Seite: W. Härle, Theologische Vorüberlegungen für eine Theorie kirchlichen Handelns in Gefängnissen, ZEE 32 (1988), 199-209; M. Honecker, Grundriß der Sozialethik, Berlin/New York 1995, 591-608; H.-R. Reuter, Recht und Strafe. Ein Beitrag aus der Sicht evangelischer Ethik, ZEE 31 (1987), 372-391. Ferner ist zu verweisen auf: Strafe: Tor zur Versöhnung? Eine Denkschrift der Evangelischen Kirche in Deutschland zum Strafvollzug, Gütersloh 1990; W. Huber, Gerechtigkeit und Recht. Grundlinien christlicher Rechtsethik, Gütersloh 1996, 322-361; H.-R. Reuter, Rechtsethik in theologischer Perspektive. Studien zur Grundlegung und Konkretion, Gütersloh 1996, 167-183; J. Track, Art. Strafe V. Kirchengeschichtlich und systematisch-theologisch, TRE 32, 207-220; J. Zehner, Das Forum der Vergebung in der Kirche. Studien zum Verhältnis von Sündenvergebung und Recht, Gütersloh 1998 (= ÖTh 10), 57-111. Siehe auch die Artikel: Strafe (A. Stein, E. Schmidhäuser) Strafrecht/Strafrechtsreform (E. Schmidhäuser) und Strafvollzug (H. Schüler-Springorum, E. Tiesler) in EStL³, 3526-3554.

was die Theologie schon immer hätte wissen können, wenn sie es denn wußte: Vergeltungsmaßnahmen schaffen die Schuld nicht fort, sie erzeugen höchstens neue Schuld. Das berühmte „Fiat iustitia" bleibt in seinen Realisierungsmöglichkeiten fragmentarisch und begrenzt. Keine Strafe kann das Gewicht der Schuld kompensieren. Niemals erreicht sie das, was die Vergebung zu leisten vermag: die Aussöhnung mit dem Täter. Menschen können die Gerechtigkeit, die sie ersehnen, gar nicht herstellen. So heißt es in einem einschlägigen Lexikonartikel ganz ausdrücklich: „Die Verwirklichung der Gerechtigkeit auf Erden ist nicht nur unmöglich, sondern in der Art, wie das heutige Strafen rechtsstaatlich begrenzt und auf empfindliche Rechtsgutsverletzungen bezogen wird, gar nicht erstrebt. Sühne als sittliche Leistung aufnötigen zu wollen wäre Anmaßung."[80] Aber auch heute, so Eduard Dreher, erwartet die Allgemeinheit trotz aller Schwierigkeiten „vom Richter die gerechte Strafe, erwartet die gerechte sonstige Reaktion, und er selbst wird sich darum bemühen. Aber niemand kann ihm sagen, was Gerechtigkeit ist. Sie zu definieren, ist über abstrakte Formulierungsansätze hinaus nicht gelungen und selbst Abstraktionen, die auf Formeln wie 'jedem das Seine' und damit auf den Gleichheitssatz hinauslaufen, werden angezweifelt. Jeder von uns hat zwar in sich ein bestimmtes Gefühl dafür, was Gerechtigkeit ist. Wenn dieses Gefühl aber am praktischen Fall erprobt wird, zeigt sich sofort, daß die Meinungen weit auseinandergehen."[81]

So ist es aus theologischer Sicht nur zu begrüßen, wenn der Aspekt der Finalität der Strafe in den Vordergrund rückt, indem gefragt wird, was mit der Strafe erreicht werden soll. Die Strafe wird dann als ein rechts- und kriminalitätspolitisches Instrument betrachtet, das ebenso zurückhaltend wie gezielt dazu eingesetzt wird, Verbrechen zu bekämpfen und ihre Häufigkeit zu reduzieren. Es gilt nicht „punitur, quia peccatum" (absoluter Ansatz: „Strafe muß sein"), sondern „punitur, ne peccetur" (relativer, finaler Ansatz: „Strafe will etwas verhindern").[82] Die dieser Auffassung verpflichtete Theorie will mit der Androhung und der Verhängung der Strafe vorbeugend wirken, deshalb spricht man von „Präventionstheorie". Die Präventionstheorie kennt zwei Ebenen der Prävention: die Ebene der Rechtsverbindlichkeit für alle Glieder der Gesellschaft (Generalprävention) und die Ebene der sozialisierenden Einflußnahme auf den straffällig Gewordenen (Spezialprävention).

---

[79] H. Grotius, De iure belli ac pacis libri tres 1625, Lib. II, cap. XX/I.

[80] E. Schmidhäuser, Art. Strafe II. Juristisch , EStL³, 3530-3536, hier: 3534.

[81] E. Dreher, Das schlechte Gewissen des Strafrichters, Fschr. für P. Bockelmann zum 70. Geburtstag, München 1979, 45-65, hier: 60.

[82] Vgl. zu dieser Unterscheidung schon Seneca, De ira, I, 16.

Die Theorie der Generalprävention geht von der Annahme aus, daß sich die im Strafrecht ausgesprochenen Strafandrohungen kriminalitätsreduzierend auf das Bewußtsein der Bevölkerung auswirken werden und potentielle Täter davon abschrecken, Rechtsbrüche zu begehen. Sie muß, um glaubwürdig zu bleiben, die Androhung exekutieren können. Die Rechtsordnung bedarf der Sanktionsfähigkeit, sonst würde sie sich auflösen. Ein Beispiel: "Wenn ein Einbruchdiebstahl oder Sparkassenraub von der Rechtsgemeinschaft einmal mit Stillschweigen übergangen würde, könnte jeder künftige Einbrecher oder Räuber zu seinen Gunsten geltend machen, daß auch er mindestens eine Tat dieser Art umsonst haben müsse; damit wäre die Rechtsordnung weithin außer Kraft gesetzt."[83]

Man wendet gerne ein, daß hartgesottene Kriminelle nicht einmal durch die Androhung härtester Strafen von ihrem Verbrechen abgehalten werden, um die Grenzen der Generalprävention sichtbar zu machen und ihr möglicherweise sogar ein Versagen zu unterstellen. Wir müssen aber beachten, daß alle diejenigen Fälle, in denen die Generalprävention erfolgreich war, statistisch nicht in Erscheinung treten. Von sich reden machen natürlich nur die offenkundigen Delikte. Wenn wir zudem die Aufregung beachten, die die Umgebung erfaßt, in deren Mitte ein Verbrechen geschah, können wir fraglos ein allgemeines Rechtsbewußtsein unterstellen, das durch die Maßnahmen gegen den Verbrecher stabilisiert wird. Jede Übertretung der Strafgesetze bewirkt Erschütterungen und Unsicherheit im Rechtsbewußtsein der Menschen, die wieder behoben werden, „wenn sich die Normen durch die Bestrafung des Täters in ihrer Geltung behaupten. Würden dagegen Delikte ungestraft bleiben, so würden die Normen ihre Motivationskraft weitgehend verlieren, und die Gesellschaft würde mehr und mehr in Anarchie versinken".[84] Daher sollte die generalpräventiv gedachte Strafe weniger im Hinblick auf den Abschreckungseffekt als vielmehr konstruktiv im Hinblick auf die Förderung des allgemeinen Rechtsbewußtseins und des Rechtsfriedens betrachtet werden. Sie verdeutlicht, daß die das Zusammenleben der Menschen tragenden Rechtsnormen verläßlich gelten und nicht beliebig sind.

Die Theorie der Spezialprävention betrachtet die Strafe als Einwirkung auf den Straftäter und will ihm einen Lernprozeß zumuten, den er erfolgreich bestehen soll, um nicht wieder rückfällig zu werden. Sofern die Strafe als Geldstrafe oder als Freiheitsstrafe auf Bewährung ausgesprochen wird, besitzt sie den Charakter eines „Denkzettels", der zur selbstkritischen Besinnung zwingt. Die Resozialisierung bleibt die persönliche Angelegenheit des Verurteilten, wenn nicht zusätzli-

---

[83] C. Roxin, Sinn und Grenzen staatlicher Strafe (Anm. 24), 383.
[84] C. Roxin, Zur Problematik des Schuldstrafrechts (Anm. 18), 652.

che Auflagen flankierend eingreifen. Wird hingegen auf Freiheitsentzug erkannt und damit ein einschneidender Eingriff in das Persönlichkeitsrecht des Täters vorgenommen, so muß die Resozialisierung von den Instanzen der Strafvollstreckung in Zusammenarbeit mit dem Täter geleistet werden. De facto wird dieses Strafziel in vielen Fällen nicht erreicht. Viele Täter verweigern sich den Resozialisierungsmaßnahmen. Bestenfalls spielen sie ihre Rolle als fügsame Strafgefangene, denen es im Gefängnis eher abgewöhnt wird, die für die Verhältnisse in der Freiheit erforderliche Selbstverantwortung zu erlernen, als sich auf sie einzustellen. Der Gesetzgeber steht hier vor der Aporie, daß er auf freiheitsentziehende Strafen nicht verzichten kann, daß aber die Justizvollzugsanstalten kaum in der Lage sind, den Mindestforderungen einer vernünftigen und erfolgreichen Spezialprävention Rechnung zu tragen. Hier offenbart sich so viel menschliche Überforderung und so viel Not, daß man fast geneigt sein kann, ganz auf den Freiheitsentzug zu verzichten, wenn sich das kriminalpolitisch rechtfertigen ließe. Jedenfalls kann die Strafe des Freiheitsentzugs nur als Notstandsmaßnahme betrachtet werden, von der der Staat Gebrauch machen muß, um Schlimmeres zu verhüten. Auf diese Weise schlägt aber die intendierte Spezialprävention nur zu rasch in die Generalprävention um.

Es zeigt sich, daß auch die Präventionstheorien nicht überfordert werden dürfen und daß sie keine problemlosen Lösungen zur Rechtfertigung des staatlichen Strafens darstellen. Zudem kann auch dem Sühnemotiv nicht ganz abgeschworen werden, gerade dann nicht, wenn man das menschliche Leiden hinter den Gefängnismauern beachtet. Eine Justizvollzugsanstalt ist nun einmal kein therapeutisches Sanatorium, sondern trotz aller menschlichen Erleichterungen, zu denen die jüngeren Strafrechtsreformen geführt haben, immer auch ein Ort, wo Strafen wortwörtlich „verbüßt" werden müssen. Den Bußaspekt der Strafe beachten, heißt aber immer auch: die Sühneleistung sehen müssen, die mit ihr verbunden ist. Der verhängte Freiheitsentzug geriete zu einem unsinnigen Absurdum, wenn er lediglich präventiv gedeutet würde. Man kann ja fragen: Weshalb sollen Menschen eingesperrt werden, damit das Rechtsbewußtsein der Gesellschaft erhalten bleibt? Und weshalb sollen sie von der Umwelt isoliert werden, wenn diese Isolation nur in einer beschränkten Anzahl der Fälle zur gelingenden Wiedereingliederung in die Gesellschaft führt? So gesehen ist es unumgänglich, den Sühnecharakter der Strafe zu beachten und sie auch als Bußvollzug zu respektieren, unter dem der Täter die Rechtsfolgen seiner Schuld buchstäblich zu tragen hat.

Die Grenze einer ausschließlichen Präventionsauffassung läßt sich noch an einem anderen, höchst bedeutsamen Aspekt aufweisen. Da die Prävention künftigen Straftaten vorbeugen will, also von der Prognose der Unrechtsverhütung ausgeht, gerät sie gegenüber Straftätern in Begründungsnot, für die eine erneute Straffälligkeit mit an Sicherheit grenzender Wahrscheinlichkeit ausgeschlossen werden kann, obwohl sich die betreffenden Personen in der Vergangenheit schwerer Delikte schuldig gemacht haben. Dieser Fall liegt zum Beispiel bei der Strafverfolgung der NS-Verbrechen vor.[85] Er fand seine Neuauflage (wenn auch von vergleichsweise minderer Tatschwere zu sprechen ist) bei der Strafverfolgung des unter der SED-Herrschaft begangenen Unrechts. Die dem Kreis der jeweiligen Tätergruppen zuzuordnenden Menschen zogen sich nach dem Ende ihrer Diktaturen ins Privatleben zurück, tauchten ab in die kleinbürgerliche Unauffälligkeit, darum bemüht, nie wieder unangenehm aufzufallen. Ein Resozialisierungsbedarf bestand bei ihnen fraglos nicht, eher schon wirkten sie wegen ihrer Angepaßtheit an die neuen Verhältnisse als „überresozialisiert". Da es jetzt weder Konzentrationslager noch Schießbefehle und Stasizentralen gibt, erübrigt sich auch das Erfordernis der Abschreckung, nach menschlichem Ermessen besteht keine Wiederholungsgefahr. Dennoch können diese Personen nicht straflos bleiben, weil sonst ein rechtlicher Ausnahmezustand geschaffen werden würde, auf den sich künftig jeder Mörder berufen könnte. Die Rechtsgemeinschaft ist nachgerade verpflichtet, diese Personen zu strafen, wenn sie sich nicht um ihre Reputation bringen will. Und de facto greift hier nur das Sühnemotiv. Auch wenn die Gerechtigkeit nicht wiederhergestellt werden kann, muß doch angemessen für sie „demonstriert" werden. Allenfalls stünde der Rechtsgemeinschaft das Mittel der Täteramnestie zur Verfügung. Sie stellt das Unrecht deutlich fest, verzichtet aber auf Strafverhängung und Strafvollzug. Verbrechen wie Völkermord und Mord können freilich nicht unter Amnestie fallen, außerdem ist für sie auch eine Verfolgungsverjährung definitiv ausgeschlossen (vgl. § 78,2 StGB).

Die Strafprozesse gegen die Täter aus ehemaligen Unrechtssystemen zeigen überdeutlich, daß die rechtsstaatlich geordnete Justiz hier massiv überfordert ist. Die meisten der in Deutschland verhängten Urteile schienen sich durch eine ungerechtfertigte Nachsicht und Milde auszuzeichnen. Unser Strafgesetz und unsere Strafprozeßordnung sind auf die Strafverfolgung kollektiver Verbrechen nicht eingerichtet. Können sie überhaupt so eingerichtet werden? Aus guten Gründen müssen die Gerichte sich mit der individuell nachweisbaren Täterschuld des einzelnen befassen. Das nach der deutschen Wiedervereinigung in Umlauf gekommene Wort der ostdeutschen Bürgerrechtlerin Bärbel Bohley „Wir wollten Gerechtigkeit und bekamen den Rechtsstaat" offenbart die rechtstheoretischen Aporien, die hier entstehen. Da es den Rechtsstaat auszeichnet, daß er auch die

---

[85] Vgl. C. Roxin, Sinn und Grenzen staatlicher Strafe (Anm. 24), 379, 383.

Michael Beintker

Menschenwürde des Täters respektiert, muß das Übel in Kauf genommen werden, daß kein Gerichtsverfahren in der Lage sein wird, die enttäuschte Sehnsucht nach Gerechtigkeit zu befriedigen. Im Gegenteil: Auch hier wird wieder die heimliche Lebensrelevanz der Vergebungszusage sichtbar.

Die Durchmusterung der heute vorherrschenden Straftheorien führt zu dem Ergebnis, daß jede Auffassung ihre Grenzen hat und deshalb nicht absolut gesetzt werden kann. Vielmehr ist eine Kombinatorik der jeweils stichhaltigen Elemente der Einzeltheorie erforderlich. Die Strafe in ihrer Komplexität ist nur durch eine Zuordnung generalpräventiver, spezialpräventiver und sühnetheoretischer Momente zu rechtfertigen. Die leitenden rechtstheoretischen Strafdeutungen laufen deshalb auf eine „Vereinigungstheorie" hinaus. Hierbei ist es nun ganz entscheidend, wie das Gefälle der Vereinigungstheorie bestimmt wird, ob man beim Sühnegedanken einsetzt und bei der Generalprävention endet, ob man die Spezialprävention in den Vordergrund stellt oder die Generalprävention dominieren läßt.

Eine theologische Bewertung der jeweiligen Ansätze und ihrer Zuordnung ist davon abhängig, wie sie die profanen Auswirkungen der Vergebungszusage gewichtet. In jedem Fall wird sie der Frage nach der menschlichen Zukunft des Verbrechers, nach seinen Lebensperspektiven, den Vorrang einzuräumen haben. Das heißt, sie muß zuallererst das Interesse an einer aussichtsreichen Spezialprävention thematisieren. Sie setzt also beim konkreten Einzelfall ein. Am Einzelfall kann auch deutlich werden, welcher Stellenwert dem Sühnecharakter der Strafe zuzubilligen ist. Hier wäre die intensive menschliche Begleitung der Strafgefangenen das oberste Gebot des christlichen Handelns. Demgegenüber erlangte der Gedanke der Generalprävention eine nachgeordnete Bedeutung. Die theologische Würdigung wird ihn nicht geringschätzen und in seiner rechtskonstitutiven Tragweite (iustitia civilis) achten. Aber in erster Linie geht es ihr nicht um die Durchsetzbarkeit der Rechtsordnung, sondern um die Zuwendung zu den Straffälligen. Die Menschen und ihre Einzelschicksale und Konflikte dürfen ihr wichtiger sein als die Sachordnungen der Rechtsgemeinschaft.

4. Der Aspekt der Menschenwürde und die Zukunft des Straftäters

In der noch unerlösten Welt müssen die Christen in der Spannung leben, die sich aus den Zusagen des Evangeliums und den Ordnungen ihres politischen Gemeinwesens ergeben. Wenn eine Tat vom Gesetzgeber mit Strafe bedroht wird, kann die Rechtsfolge im Verbrechensfall nicht durch Vergebung außer Kraft gesetzt werden. Andererseits wird auch das Geschenk der Vergebung keinesfalls durch die Strafverbüßung storniert. Wenn die Strafe nicht mehr als Ver-

geltung zu begründen ist, dann kann ein spannungsvolles Zugleich von Vergebung bzw. Aussöhnung und Strafverbüßung besser gedacht und auch praktiziert werden, als das früher möglich gewesen ist.

Die Tradition unterschied zwischen den Maßnahmen des Rechts und dem
Gottesverhältnis des Straftäters, zwischen irdischer und ewiger Strafe. Die irdische Strafe mußte vollstreckt werden. Die Rechtsgemeinschaft konnte sie um
ihres Bestandes willen nicht vergeben. Gleichwohl war es denkbar, daß die von
der Tat betroffenen Personen individuell dem Täter vergaben. In jedem Fall hatte
der Täter die Möglichkeit, vor seiner Hinrichtung Reue zu äußern und vor Gott
und den Menschen Abbitte zu tun. Gott konnte ihm auch unter dem Schwert des
Henkers vergeben und ihn von der *ewigen* Strafe lossprechen. Man sah darin
keinen unerträglichen Kontrast, weil die irdische Strafe im Vergleich zur dro-
henden ewigen Strafe ihr Gewicht verlor. Eben deshalb wurden die Delinquen-
ten auf ihrem letzten Weg von einem Geistlichen begleitet, der ihnen die Beichte
abnahm und ihnen die Absolution zuzusprechen hatte. In vom Christentum geprägten Staaten, wo weiter an der Todesstrafe festgehalten wird (z.B. USA), wird
diese klassische Übung noch heute praktiziert.

In der traditionellen Auffassung steckt ein richtiger Kern, den wir nicht ignorieren sollten: Vergebung kann nicht pauschal dekretiert werden. Sie steht dem
Verurteilten zu, wenn er durch Schuldeinsicht zur Vergebungsbitte vor Gott und
gegenüber dem durch ihn Verletzten bewegt wird. Dann darf sie in keinem Fall
verweigert werden, auch wenn die irdische Gerechtigkeit ihren Lauf nimmt.
Daraus ist zu folgern: Wer Strafgefangene begleitet, kann nicht darauf verzichten, die Chance der Vergebung ins Bewußtsein zu rufen. Er kann sie in Gottes
Namen zusprechen, wenn sie ernsthaft begehrt wird. Aber auch wenn er an
Christi Statt als Bruder des Gefangenen handelt, kann er die Vergebung als zwi-
schenmenschliches Ereignis nicht auf die Opfer der Tat ausdehnen und stellver-
tretend für sie postulieren. Dazu hat er kein Mandat. Es gilt also, die theologische und *zugleich* zwischenmenschliche Grundstruktur des Vergebungsvorgangs
zu beachten und darauf zu sehen, daß dieser Vorgang in seiner Komplexität sehr
viel Zeit in Anspruch nehmen kann. Deshalb wird man von der Vergebungsper-
spektive nur behutsam Gebrauch machen können. Es genügt zunächst, daß
Christen gegenüber der staatlichen Kriminalpolitik und den rechtmäßig von ihr
Betroffenen darauf drängen, daß die Menschenwürde des Straftäters nicht aus
dem Blick gerät. Es bedarf einer Haltung, die im Täter den *Menschen* wahrnehmen kann, der, obwohl er schuldig geworden ist, nicht an der Qualität seiner
Reue und Einsichtsbereitschaft gemessen werden darf. Indem der Versuchung
zum moralischen Tribunal, zu Rache- und Vergeltungswünschen widerstanden

wird, kommt hier ein Element der Barmherzigkeit ins Spiel, das aus den Sackgassen verwirkten Daseins hinausführen kann.

Der Respekt der Menschenwürde läßt sich institutionalisieren, in strukturelle Vorgaben des Handelns an Beschuldigten, Angeklagten und Strafgefangenen überführen. Die Rechtsordnung kann sogar Erbarmensqualität gewinnen und so gefügt werden, daß auch Schwerkriminelle nicht von ihr zerstört werden. Das Element der Vergebung und Aussöhnung sollte immer im Blick sein. Nüchterner gesprochen: Der Grundsatz der Unantastbarkeit der Menschenwürde wird trotz mancher Einschränkungen gerade auch bei der Verbrechensbekämpfung von grundsätzlichem Gewicht bleiben müssen. Das Strafrecht der Gesellschaft muß so gefaßt sein, daß die Personwürde des Straftäters weitestgehend geschützt ist und respektiert wird.

Zur Verdeutlichung beschränken wir uns auf einige substantielle rechtspolitische Errungenschaften, die das moderne Strafrecht auszeichnen und Berührungen zwischen dem Recht und einem an der Schuldvergebung orientierten Handeln sichtbar machen:

Erstens: Die Todesstrafe ist mit dem Grundsatz, daß die Personwürde des Täters zu respektieren ist und daß die Strafe den Menschen nicht zerstören darf, unvereinbar. Ferner ist es richtig, daß eine auf lebenslänglich erkannte Freiheitsstrafe nach mindestens 15 Jahren ausgesetzt werden kann. Das Gnadenrecht muß Bestandteil des Strafrechts sein.

Zweitens: Geständnisse können nicht gewaltsam erzwungen werden: „Der einzelne darf während des Verfahrens keiner Behandlung unterworfen werden, die ihn der freien Bestimmung über seine Willensäußerung beraubt: Gehirnwäsche, Lügendetektor, Wahrheitsserum, Hypnose, Quälereien, Drohungen usw. sind zur Erlangung von Aussagen schlechthin unzulässig, weil die durch solche Mittel hervorgerufenen Reaktionen nicht mehr Kundgebungen der freien Persönlichkeit des Beschuldigten sind."[86]

Drittens: Der Beschuldigte verfügt über Rechte, die ihm nicht vorenthalten werden dürfen.[87] Seine Schuld muß im mündlich geführten Hauptverfahren bewiesen werden. Dabei muß alles in Rechnung gestellt werden, was den Beschuldigten entlasten kann. Wenn die Schuld nicht bewiesen werden kann, muß der Angeklagte freigesprochen werden, selbst wenn er schuldig ist. Es gilt das Prinzip „in dubio pro reo". Dieses Prinzip findet auch dann Beachtung, wenn der richterliche Schuldspruch Strafe nach sich zieht. Von der Öffentlichkeit meist

---

[86] Roxin, Sinn und Grenzen staatlicher Strafe (Anm. 24), 384.
[87] Vgl. hierzu D. Rzepka, Zur Fairness im deutschen Strafverfahren, Frankfurt/Main 2000 (= Juristische Abhandlungen XXXVII).

unbemerkt, wird es sehr häufig angewendet.[88] An den Stammtischen wird demgemäß gerne über die ungerechtfertigte Milde der Justiz geklagt und härtere Bestrafung verlangt. Aber die rechtsstaatliche Justiz muß jeden Irrtum zuungunsten des Beschuldigten vermeiden. Eben deshalb optiert sie zur Verärgerung der Verletzten im Zweifel immer für den Angeklagten.

Viertens: Die Entkriminalisierung des Strafrechts gehört zu den großen Fortschritten der Strafrechtsreform von 1975. Entkriminalisierung bedeutet: Der Staat beschränkt sich darauf, „das Strafrecht nur für den Schutz bedeutender Rechtsgüter und die Sicherung existenznotwendiger Leistungsaufgaben dort einzusetzen, wo weniger eingreifende Mittel zu ihrer Gewährleistung nicht ausreichen".[89] Moralverstöße werden nicht mehr pönalisiert (z.B. im Sexualstrafrecht), sofern sie als rechtsgutneutral betrachtet werden können. Verstöße gegen Verwaltungs- und Ordnungsvorschriften brauchen den Strafrichter nicht mehr zu interessieren: Sie können als Ordnungswidrigkeiten geahndet werden. Bagatellsachen (z.B. einfacher Ladendiebstahl oder leichte Unterschlagungen) werden nur auf Strafantrag hin verfolgt, wobei die Voruntersuchung häufig zur Einstellung des Verfahrens führt. Die Möglichkeiten zur Verhängung der Geldstrafe sind ebenso erweitert worden wie die „Zweispurigkeit" von Strafen und Maßregeln. Die Freiheitsstrafe, die in minderschweren Fällen zur Bewährung ausgesetzt wird und bei Vollzug nach einer gewissen Frist mit dem „Freigang" verkoppelt werden kann, gilt rechtspolitisch als ultima ratio. Die Freiheitsstrafe darf „als schärfste Reaktion der Rechtsgemeinschaft nur an letzter Stelle in Betracht kommen. Wird sie eingesetzt, wo gelindere Verfahrensweisen zur Wahrung oder Wiederherstellung der Rechtsordnung ausreichen, fehlt ihr die in der sozialen Notwendigkeit liegende Legitimation, und der Rechtsfrieden wird durch das Vorhandensein eines Heeres von Vorbestraften mehr gestört, als ihn die Strafan-

---

[88] Hierzu Eduard Dreher aus der richterlichen Praxis: „Schon die Staatsanwaltschaft wendet bei der Erhebung der Anklage den Satz in dubio pro reo an und steht vielleicht damit schon nicht mehr in vollem Einklang mit dem, was wirklich geschah. Noch viel mehr bedient sich der Richter des Satzes, und zwar einmal in zahlreichen Fällen, in denen das zur Annahme eines milderen Tatbestandes führt als dem der Anklage. So wird infolge von in dubio pro reo statt eines besonders schweren Falles nur ein einfacher Diebstahl, statt Vergewaltigung nur sexuelle Nötigung, statt einer vorsätzlichen Tat nur eine fahrlässige angenommen. Aber auch und gerade im Bereich desselben Tatbestandes spielen Unterstellungen zugunsten des Angeklagten eine besonders häufige Rolle. So wird angenommen, daß er sich nur dreimal und nicht fünfmal an dem kleinen Mädchen vergriffen, daß er nicht 5000, sondern nur 3000 DM unterschlagen habe, daß er nur zweimal statt viermal zum Stehlen eingestiegen sei, das gestohlene Schmuckkästchen nicht erbrochen, sondern offen vorgefunden habe, und so fort. Die Fälle, in denen nicht irgendeine, wenn auch nur geringfügige Unterstellung zugunsten eines schuldigen Angeklagten stattfindet, sind selten." (Dreher, aaO. [Anm. 31], 48).
[89] Roxin, Sinn und Grenzen staatlicher Strafe (Anm. 24), 382.

drohung fördert. Das Rechtsgut erfährt mithin, so gesehen, einen doppelten
Schutz, *durch* das Strafrecht und *vor* dem Strafrecht, das bei übertriebener Anwendung gerade die Zustände herbeiführt, die es bekämpfen will."[90]

Fünftens: Die Berücksichtigung der Belange der Opfer durch das Opfer-
schutzgesetz vom 18.12.1986 dürfte ebenfalls als ein Meilenstein in der Rechtspo-
litik betrachtet werden. Im herkömmlichen Strafverfahren war die Täter-Tat-
Beziehung wichtiger als die Täter-Opfer-Beziehung, so daß man den Eindruck
gewinnen mußte, daß die Opfer und das Erfordernis der Wiedergutmachung
und Entschädigung für die Urteilsfindung uninteressant sein würden. In der
Fixierung auf die Tat rückten die Opfer rasch in ein Schattendasein, das auch
dadurch nicht überwunden wurde, daß sie gegebenenfalls als Zeugen auszusa-
gen hatten (wobei sie sich seitens der Verteidigung des Angeklagten auch noch
harte Fragen gefallen lassen mußten). Das reformierte Strafgesetzbuch sieht in §
46a den Täter-Opfer-Ausgleich als urteilsrelevanten Sachverhalt an. Hat der Täter „1. in dem Bemühen, einen Ausgleich mit dem Verletzten zu erreichen ...,
seine Tat ganz oder zum überwiegenden Teil wiedergutgemacht oder deren
Wiedergutmachung ernsthaft erstrebt oder 2. in einem Fall, in welchem die
Schadenswiedergutmachung von ihm erhebliche persönliche Leistungen oder
persönlichen Verzicht erfordert hat, das Opfer ganz oder zum überwiegenden
Teil entschädigt",[91] so kann das Gericht die Strafe mildern bzw. ganz von der
Strafe absehen, wenn keine höhere Strafe als Freiheitsstrafe bis zu einem Jahr
verwirkt ist. Damit ist der Gedanke einer konfliktlösenden Verständigung zwischen Täter und Opfer rechtlich fixiert worden. Auch wenn es übereilt sein dürfte, hierin eine rechtsförmige Ausprägung des Vergebungsgeschehens zu vermuten, wird man von einer Regelung sprechen dürfen, die auf Aussöhnung zielt
und als wichtiger Schritt auf dem Weg zur Vergebung zu werten ist.

Wir haben unsere Überlegungen ausschließlich an dem in Deutschland geltenden Strafrecht orientiert. In weiten Teilen der Welt (auch in Ländern, die auf
ihre Unterschrift unter die Charta der Menschenrechte stolz sind) ist noch längst
nicht ein so differenziertes und um die Problematik des Freiheitsentzuges wis-
sendes Strafrecht entwickelt worden. Die Berichte von Amnesty International
belegen eine erschreckende Fülle schwerwiegender Menschenrechtsverletzun-
gen an Untersuchungs- und Strafgefangenen.

---

[90] Roxin, ebd.
[91] Abs. 2 wurde durch das Verbrechensbekämpfungsgesetz vom 18.10.1994 in das Strafgesetzbuch eingefügt (vgl. dazu: L. Frühauf, Wiedergutmachung zwischen Täter und Opfer.
Eine neue Alternative in der strafrechtlichen Sanktionspraxis, Gelsenkirchen 1988; U. I.
Hartmann, Staatsanwaltschaft und Täter-Opfer-Ausgleich. Eine empirische Analyse zu Anspruch und Wirklichkeit, Baden-Baden 1998).

Selbstverständlich können auch die Verhältnisse hierzulande nicht idealisiert werden. Zwischen den strafrechtlichen Grundsätzen der Verbrechensbekämpfung und der praktischen Ermittlungs- und Vollzugspraxis klaffen durchaus Gegensätze, die kritisch durchschaut und nach Möglichkeit behoben werden müssen. Insbesondere die Realitäten in vielen Justizvollzugseinrichtungen (Personalmangel, Finanzmangel, fehlendes Verständnis für die Situation der Gefangenen, mangelnde psychologische Qualifikation der Bediensteten) geben Anlaß zur Sorge. Die Praxis des Vollzugs ist der Idee der Resozialisierung schwerlich gewachsen, oft genug werden selbst die Resozialisierungsfähigen durch das Gefängnismilieu noch weiter verroht und abgestumpft.

Den christlichen Kirchen fällt in dieser Situation die Aufgabe zu, die Gesellschaft zu sensibilisieren und den Menschen bewußt zu machen, daß die Resozialisierung straffällig gewordener Menschen ein Klima der Aufmerksamkeit und der Zuwendung voraussetzt. Kriminelle Schuld macht immer betroffen und weckt nur zu rasch Aggressionen und Strafwünsche gegen die Täter. Sie werden öffentlich gebrandmarkt und oft ohne das geringste menschliche Mitgefühl mit ihrem persönlichen Unglück abgeschrieben. Hier muß immer wieder neu zur Besonnenheit gemahnt werden. Der Straftäter ist ein Mitmensch, selbst wenn er das Empfinden für die Geltung elementarer Normen der Mitmenschlichkeit eingebüßt hat. Er ist viel intensiver auf Zuwendung und einfühlende Begleitung angewiesen, als er vielleicht je zu erkennen geben kann. Niemand hat ein Recht, ihn abzuschreiben und zu verdammen. Im Wissen um unsere eigene Fehlbarkeit und Vergebungsbedürftigkeit steht uns niemals das abschließende Urteil über ihn zu. Was wird aus ihm im Gefängnis? Was wird aus ihm nach seiner Haftentlassung? Die Resozialisierung geht ja weiter. Sie muß im Rückfall enden, wenn die Gesellschaft außerstande ist, den Haftentlassenen in der wiedergewonnenen Freiheit zu sozialisieren, d.h., ihn als einen Menschen zu achten, dessen Vorgeschichte für die Eingliederung in Wohn- und Arbeitswelt bedeutungslos ist, nicht mehr interessieren darf.

Ich erinnere an die rechtfertigungstheologische Unterscheidung der Person von ihren Werken: Sie entscheidet faktisch über die Zukunft des Haftentlassenen! Das Mißtrauen, das den „Vorbestraften" entgegenschlägt, bannt sie in ihre Vergangenheit zurück. Kirchengemeinden können der Ort sein, wo das Mißtrauen beherzt im Vertrauen überwunden wird und der Haftentlassene mit unserer Hilfe ins Leben zurückfindet. Die EKD-Denkschrift „Strafe: Tor zur Versöhnung" sprach von der „Hebammenfunktion christlichen Denkens" für die gesellschaftliche Öffentlichkeit, für die Lebenswelt, für Politik, Justiz und Polizei.[92]

---

[92] AaO. (wie Anm. 28), 122ff.

Einen entscheidenden Ansatzpunkt gewinne das christliche Denken aus der Einsicht, daß das Thema der Straffälligkeit, das Thema von Schicksal und Sünde, Schuld und Sühne *jeden* Menschen betrifft[93]: „Der Abscheu vor der Tat darf nicht zum Abscheu vor dem Täter führen. Wenn wir uns nicht nur von der Tat, sondern auch von dem Täter distanzieren, entfernen wir uns gleichzeitig von uns selbst: wir entfernen uns von unserer Menschlichkeit."[94] Ich möchte hinzufügen: Wir nähern uns unserer Menschlichkeit, wir finden zu uns selbst in dem Maße, wie wir uns *mit* den Tätern als vergebungsbedürftig begreifen.

[93] Vgl. aaO., 123.
[94] Ebd.

Michael Welker

MORAL, RECHT UND ETHOS IN EVANGELISCH-THEOLOGISCHER SICHT

1. Menschliche Selbststeuerung und Selbstgefährdung durch Moral, Recht und Ethos

Viele Rahmenbedingungen und Kräfte beeinflussen unser individuelles und gemeinschaftliches Erkennen, Handeln und Verhalten. Schwer in Zusammenhängen zu erfassen und zu ordnen sind die vielen sogenannten „natürlichen" Rahmenbedingungen und Kräfte - von der individuellen körperlichen Verfassung bis hin zum globalen oder regionalen Klima. Doch auch die „über die Natur hinausgehenden" Rahmenbedingungen und Kräfte sind von fast entmutigender Komplexität. Wie die verschiedenen historisch erprobten erkenntnisleitenden Duale „Natur und Geschichte", „Natur und Kultur", „Natur und Geist", „Natur und Gnade" etc. verdeutlichen, ist es überhaupt nicht leicht, auch nur den Beobachtungsbereich im Blick auf die über die Natur „hinausgehenden" Phänomene einigermaßen stabil zu halten. Denn je nach Dual werden bestimmte Bereiche systematisch ein- oder ausgeblendet. Damit ergeben sich auch unterschiedliche Möglichkeiten, religiöse und theologische Inhalte und Fragestellungen aufzunehmen.

Moral, Recht und Ethos werden in den akademischen Diskursen unserer Zeit und Weltgegend primär als kulturelle und soziale Phänomene aufgefaßt und dargestellt. Sie werden angesehen als institutionalisierte, gesellschaftlich anerkannte Formen, in denen sich individuelles und gemeinschaftliches Erkennen, Handeln und Verhalten auf individuelles und gemeinschaftliches Erkennen, Handeln und Verhalten bezieht und sich in einem weit gefaßten Sinn selbst bestimmt. Mit Moral und Recht sind soziale und kulturelle Formen und (Erkennen, Handeln und Verhalten bestimmende) Lebensvollzüge ins Auge gefaßt, die von der Suche nach Erkenntnis und maximaler Materialisierung bestimmter Werte und Tugenden bzw. Werte- und Tugendhierarchien begleitet sind. Die Suche nach Erkenntnis und maximaler Materialisierung dieser Werte[95] und Tugenden[96]

---

[95] Unter „Wert" verstehe ich eine menschliches Erkennen, Handeln und Verhalten bestimmende perspektivisch typisierende Ausrichtung auf das individuell und gemeinsam zu Begehrende.

kann mehr oder weniger deutlich und emphatisch präsent sein in diesen Prozessen des Erkennens, Handelns und Verhaltens. Unter den Werten und Tugenden müssen aber zwangsläufig solche mitgegeben sein und integriert werden, die der Selbsterhaltung und der Vervollkommnung der jeweiligen Formen und Lebensvollzüge dienen. Denn das Niveau institutionalisierter Formen menschlicher Selbststeuerung wird nur erreicht, wenn diese Formen und Lebensvollzüge sich auch in einem engen Sinn so auf sich beziehen, daß ihre eigene Stetigkeit und Vervollkommnung in allen Operationen mitintendiert ist.

Eine der machtvollsten zwischenmenschlichen Selbststeuerungen von Erkennen, Handeln und Verhalten ist „die Moral", d.h. der Zusammenhang von individuellem und gemeinschaftlichem Erkennen, Handeln und Verhalten, das auf *wechselseitige Achtung* abstellt. Die Kommunikation von Achtung[97] erfolgt in einem weiten Spektrum von Formen. Sie schließt nicht nur die Gabe und den Entzug von Achtung, sondern auch viele Varianten der Verheißung dieser Gabe und der Drohung mit deren Entzug ein. Sie reicht von einseitiger und wechselseitiger Beobachtung und Aufmerksamkeit über Formen einseitiger und wechselseitiger Anerkennng bis hin zu einseitiger und wechselseitiger Bewunderung.

Claude Lévi-Strauss, Jan Assmann und andere Theoretiker des sozialen und kulturellen Gedächtnisses haben „heiße" und „kalte" kommunikative und kulturelle Erinnerung unterschieden.[98] „Heiße Erinnerung" verlebendigt und „bewohnt", wie Assmann formuliert[99], die vergangene Geschichte und bezieht aus ihr bzw. verleiht ihr „mythomotorische" Kraft. „Kalte Erinnerung" hingegen nimmt den vergangenen Ereignissen das Außerordentliche und das fortgesetzt menschliches Erkennen, Handeln und Verhalten Bewegende. Sie nimmt den Ereignissen und den von diesen Ereignissen Betroffenen, den sich diese Ereignisse zurechnenden Individuen und Gemeinschaften ihre geschichtsgestaltende Kraft bzw. läßt diese Kraft gar nicht erst zur Entwicklung kommen.

Analog dazu können „aufheizende" und „abkühlende" moralische Kommunikationen und Kommunikationsverhältnisse unterschieden werden. Wie leicht zu

---

[96]   Unter „Tugend" verstehe ich eine menschliches Erkennen, Handeln und Verhalten bestimmende perspektivisch typisierende Ausrichtung auf das individuelle und gemeinsame Gute. Vgl. auch Konrad Stock, Grundlegung der protestantischen Tugendlehre, Kaiser: Gütersloh 1995, 131ff.

[97]   Vgl. Niklas Luhmann, Soziologie der Moral, in: N. Luhmann / St. H. Pfürtner, Theorietechnik und Moral, stw 206, Frankfurt 1978, 8ff, bes. 48ff.

[98]   Jan Assmann, Das kulturelle Gedächtnis. Schrift, Erinnerung und politische Identität in frühen Hochkulturen, Beck: München 1992, 66ff; Claude Lévi-Strauss, Das wilde Denken, Suhrkamp: Frankfurt a.M. 1970, 270; vgl. auch Jan Assmann, „Was ist das 'kulturelle Gedächtnis'?, in: ders., Religion und kulturelles Gedächtnis, Beck: München 2000, 11-44.

[99]   Assmann, Das kulturelle Gedächtnis, 70 u.ö.

sehen, folgen sie sehr verschiedenen Optimierungsrichtungen. Wichtig ist die Beobachtung, daß vermeintliche Optimierungsprozesse in die Selbstgefährdung oder sogar Selbstzerstörung moralischer Kommunikation umschlagen können. Moralisches Engagement und moralische Emotionalisierung können - bei durchaus wohlmeinendem Willen, die Steuerungskraft der Moral zu intensivieren - fanatisierende und moralische Kommunikationsgemeinschaften isolierende bzw. umfassendere Gemeinschaften zerrüttende Wirkungen zeitigen. Aufheizende moralische Kommunikation kann mit der Produktion von Helden und Heiligen einerseits, Sündenböcken und „Unmenschen" andererseits das Kontinuum moralischer Kommunikation auflösen. Umgekehrt kann eine zu starke Abkühlung - durchaus auf dem Weg z.B. intendierter stetiger Steigerung von Besonnenheit und realistischer Vernunft - zur Lähmung moralischer Kommunikation führen. Die moralische Kommunikation kann eine Kälte erreichen, in der die wechselseitige Prägung von Erkennen, Handeln und Verhalten ausbleibt, eine Kälte, in der die Moral in Schwundstufen wechselseitiger vorsichtiger oder zynischer Beobachtung erodiert.

Mit dem Konzept der „autonomen Person" schien die Moralphilosophie der europäischen Moderne eine Form gefunden zu haben, beiden Gefahren der Fehloptimierung moralischer Kommunikation entgegenzuwirken. Ein radikales Gleichheits- und Freiheitsethos hatte die „moralische Aufheizung" in das „innere Selbst" und seine moralische Selbstvergewisserung verlagert. Die autonome Person, so hatte Kants Spätphilosophie gelehrt, muß sich als in einem beständigen inneren Kampf mit sich selbst begriffen verstehen. In diesem Kampf muß sie die Gewißheit und die öffentliche Darstellung der Einheit und Stetigkeit der Person immer neu gewinnen - einerseits im Streben nach Kohärenz der regelgeleiteten Selbststeuerung, andererseits durch Beherrschung ihrer leiblich-sinnlichen Natur. Dieser gewißheitsbegleitete, immer neu zu erringende Selbstgewinn geht einher mit einer achtunggebietenden Selbstdarstellung und einer stetigen moralischen Beeinflussung der Umgebung. In dynamischer Weise wirkt diese moralische Selbstdarstellung auf die Mitmenschen vorbildgebend und deren eigene moralische Selbstverstetigung und Selbstvervollkommnung herausfordernd. Der große moralische Wechselwirkungsprozeß soll - so lautete jedenfalls die Theorie - zu einer stetigen Steigerung der moralischen Kohärenz des ganzen Gemeinwesens führen.[100]

Diese Vision einer sozusagen wohlklimatisierten moralischen Kommunikation, in der zugleich die stetige Vervollkommnung der Menschheit und die von

---

[100] Siehe dazu Klaus Peter Köpping / Michael Welker / Reiner Wiehl (Hg.), Die autonome Person - eine europäische Erfindung?, Fink: München 2002.

Kant damit verbundene „Annäherung des Reichs Gottes"[101] stattfinden sollen, ist ungeheuer voraussetzungsreich. Auf der Ebene der gesellschaftlichen Institutionen setzt sie das Angebot und die Annahme von Bildungsmöglichkeiten voraus, die den autonomen Personen vergleichbare Entwicklungspotentiale bereitstellen. Dies ist eine notwendige Minimalbedingung für ein Ethos radikaler Gleichheit und die damit verbundene erwartbare Abkühlung moralischer Kommunikation, welche verhindert, daß Spielarten von Bewunderung und Achtungsentzug so weit auseinandertreten, daß moralische Kommunikation in ihrem Vollzug zur Zerstörung ihrer eigenen Voraussetzungen führt.

Eine zweite stille Voraussetzung betrifft die Grenzen der Steuerungskraft moralischer Kommunikationsprozesse. Daß moralische Kommunikation scheitert, ist ein alltägliches Phänomen. In vielen individuellen Fällen wird das Problem mit Abbruch der Beziehung „gelöst". Man „geht sich aus dem Weg". Doch eine regelmäßige Praktizierung dieser „Lösung" zerstört die moralische Kommunikation selbst. Sie führt tendenziell zu Vereinsamungen und zu Verinselungen in der Gemeinschaft und im Gegenzug zu gefährlichen Mischlagen von gleichzeitiger starker Aufheizung und Abkühlung moralischer Kommunikation. Aggressive Selbstgerechtigkeit und Resignation und Zynismus schaukeln sich dann wechselseitig hoch. Gegenüber dieser Selbstgefährdung durch Moral[102] wird in der Moderne auf intensivierte und gezielte Bildung und auf den Rückgriff auf das Recht angesichts des Scheiterns der Moral gesetzt.

Auch das Recht ist eine institutionalisierte, gesellschaftlich anerkannte Form individuellen und gemeinschaftlichen Erkennens, Handelns und Verhaltens, das sich auf individuelles und gemeinschaftliches Erkennen, Handeln und Verhalten bezieht. Charakteristisch für das Recht ist die (tatsächlich oder potentiell) justitiable, institutionalisierte Sicherung und Sicherheit von Erwartungen im Blick auf menschliches Erkennen, Handeln und Verhalten, die zugleich die Kompatibilität mit einem Ethos zu vervollkommnen sucht, das die Tugend und den Wert der Gerechtigkeit privilegiert.

„Gerechtigkeit" ist eine auf Ausgleich und Gleichbehandlung hin orientierte Verfassung zwischenmenschlicher Lebensverhältnisse. Sie kann durch Monopo-

[101]   Immanuel Kant, Die Religion innerhalb der Grenzen der bloßen Vernunft, in: Werke VIII, Insel: Frankfurt 1956, 645ff, 777ff.
[102]   Aus anderen Perspektiven hat Rüdiger Bittner die negativen Kräfte moralischer Kommunikation wiederholt kritisch beleuchtet. Vgl. ders., Morality and World Hunger, Metaphilosophie, Bd. 32, 2001, 25ff, sowie sein Gegen-Konzept des „rational agent", in ders., Doing Things for Reasons, Oxford University Press: Oxford 2001, 161ff.

lisierung von Gewaltanwendung[103] und Rechtsetzung durch den Souverän gewährleistet werden, wenn dieser sich selbst auf Gleichbehandlung aller „vor
dem Gesetz" und auf bestmögliche Ausgleichs-, Kompensations- und Restituti-
onsleistungen in Konflikt- und Schadensfällen sowie in akuten oder chronischen
Benachteiligungsverhältnissen festzulegen vermag. Durch die „richterliche
Rechtsfortbildung"[104], durch allgemeine Bildung, durch die Entwicklung einer
Kultur politischer Partizipation und eines Klimas wechselseitiger Anerkennung
durch allgemeine moralische Kommunikation sollen dabei die Risiken der Gewaltmonopolisierung minimiert werden.

In dieser Konstellation ist das Recht nicht nur gleichsam „Horizont" moralischer Kommunikation, eine ultima ratio angesichts fehlschlagender moralischer
„Zähmung des Menschen zum Mitmenschen".[105] Es stellt auch ein Wertepotenti-
al für die inhaltliche Prägung moralischer Kommunikation bereit. Rechtsprinzipien wie Ausgleich und Gleichbehandlung, Rechtsziele wie Restitution von
Kooperations- und Reziprozitätsverhältnissen und Friedensförmigkeit zwischenmenschlicher Lebensverhältnisse geben den moralischen Kommunikati-
onsverhältnissen Werte vor, die gegenüber der Selbstgefährdung durch moralische Aufheizung und Abkühlung eine gelingende Balancierung der wechselseitigen Anerkennung eindrücklich machen. Die wechselseitige Durchdringung
von Recht und Moral kann als eine große kulturelle Errungenschaft angesehen
werden.[106] Doch es darf nicht übersehen werden, daß sie auch zu erheblichen
wechselseitigen negativen Verstärkungen führen kann.

Einerseits kann die moralische Kommunikation in systematische Verzerrun-
gen und Prozesse der Selbstauflösung hineingeraten und - bei versagender Ge-
gensteuerung durch Recht, Politik, Religion und Bildung - über die Deformation
des Ethos auch die Rechtskultur affizieren.[107] Andererseits kann die rechtliche

[103]   Vgl. dazu Eilert Herms, Gewalt und Recht in theologischer Sicht, in: Gesellschaft gestalten. Beiträge zur evangelischen Sozialethik, Mohr: Tübingen 1991, 125ff, bes. 137ff.
[104]   Siehe dazu das Werk von Josef Esser, Grundsatz und Norm in der richterlichen Fort-
bildung des Privatrechts. Rechtsvergleichende Beiträge zur Rechtsquellen- und Interpretati-
onslehre, Mohr: Tübingen, 4. Aufl. 1990.
[105]   Vgl. Dazu Friedrich Nietzsche, Zur Genealogie der Moral, bes. die „Zweite Abhand-
lung", Werke in drei Bänden, hg. K. Schlechta, Hanser: München 1966, 761ff, 799ff.
[106]   Vgl. dazu in philosophischen und philosophiegeschichtlichen Perspektiven: Recht
und Moral, Neue Hefte für Philosophie 17, Vandenhoeck: Göttingen 1979; mit sozialethischen
Fallbeispielen: Simon Lee, Law and Morals, Oxford University Press: Oxford 1986.
[107]   Zu denken ist etwa an Szenarien, in denen es *nicht mehr gelingt*, „die Zusammenbal-
lung populistisch verführbarer, indoktrinierter Massen (zu) verhindern und andrerseits die
zerstreuten kritischen Potentiale eines über die Medienöffentlichkeit nur noch abstrakt zusammengehaltenen Publikums zusammen(zu)führen" (Jürgen Habermas, Faktizität und Geltung. Beiträge zur Diskurstheorie des Rechts und des demokratischen Rechtsstaats, Suhrkamp: Frankfurt 1992, 462).

Erwartungssicherung versagen im Versuch, die Kompatibilität mit einem Ethos zu vervollkommnen, das die Tugend und den Wert der Gerechtigkeit privilegiert. Sie kann aber auch in gelingender Privilegierung dieses Leitwertes so dominant werden, daß sie andere Werte- und Tugendhierarchien erdrückt und so Kultur[108] und Moral deformierende Züge annimmt. Nicht Aufheizung und Abkühlung der Kommunikation, sondern Wert- und Tugendblindheiten nach innen und nach außen sind dann die Verfallsphänomene. Es ist wichtig zu sehen, daß sowohl das Recht als auch - und zwar in noch höherem Maße - die Moral von einem Ethos abhängig sind, d.h. von einer - einfachen oder multiplen - Hierarchisierung von Tugenden und Werten, die die Orientierungs-, Handlungs- und Verhaltensabstimmung von Menschen räumlich und zeitlich ausgreifend gewährleistet. Die Hervorbringung, Erhaltung, Korrektur und Erneuerung dieses Ethos kann aus den genannten Gründen nicht dem Zusammenspiel von Recht und Moral allein überlassen werden. Auch die Ergänzung von Recht und Moral durch eine inhaltlich nicht weiter festgelegte Bildung reicht nicht aus, den genannten Gefahren entgegenzuwirken.

2. Der Formenzusammenhang von Kult, Recht und Erbarmen: die Prägekraft des biblischen „Gesetzes" im Blick auf Moral, Recht und Ethos

Eine bewußt evangelische Theologie wird angesichts der skizzierten Problemstellung den Versuch unternehmen, Analogien zum betrachteten Phänomenzusammenhang nicht nur im Bereich dogmatischer loci, sondern auch in den kanonischen Überlieferungen zu finden. Sie wird dies nicht um einer biblizistischen Traditionspflege willen tun, sondern um die Problemstellung theologisch orientiert in das Licht des in Jesus Christus offenbarten erhaltenden, rettenden und erhebenden Wirkens Gottes bringen zu können. Eine dogmatische Theologie, die sich von ihren genuinen Themen und Inhalten aus dem Themenkomplex „Moral, Recht, Ethos" annähern will, wird den Versuch machen müssen, ihn im Bereich der loci „Gottes Gesetz" bzw. „Gesetz und Evangelium" zu verorten und zu bearbeiten. Eine dezidiert evangelische und reformatorisch geprägte Theologie, die nicht nur dogmatische Lehrbestände einbringen und in ihrer Orientierungskraft bestätigen und bewähren will, sondern diese zugleich auch im immer neuen „Lernen von der Schrift" zu befragen, zu entwickeln und zu verfeinern

---

[108]   Unter „Kultur" verstehe ich eine räumlich und zeitlich ausgreifende Sicherheit in der Kommunikation über Erinnerungen und Erwartungen, die - jedenfalls in Umgebungen, die von jüdisch-christlichen Überlieferungen geprägt sind - nicht nur durch das kommunikative Gedächtnis, sondern durch kulturelles und kanonisches Gedächtnis (Geschichte und Religiosität) sowie durch ein von diesem Gedächtnis geprägtes normatives Erwarten (Ethos und Recht) gewährleistet wird.

strebt, wird prüfen, wo in den kanonischen Überlieferungen normative Formenzusammenhänge auftreten, die eine aufschlußreiche und orientierende Bezugnahme auf den Themenkomplex „Moral, Recht, Ethos" erkennen lassen.

In einer solchen Kontextualisierung geht es einerseits um einen „ins Große gehende(n) Schriftgebrauch ...", wobei man es nicht auf einzelne aus dem Zusammenhang gerissene Stellen anlegt, sondern nur auf größere besonders fruchtbare Abschnitte Rücksicht nimmt, um so in dem Gedankengang der heiligen Schriftsteller dieselben Kombinationen nachzuweisen, auf denen auch die dogmatischen Resultate beruhen".[109] Andererseits ist die Erkenntnis analoger entwickelbarer Formenzusammenhänge wichtig,[110] um Prozesse „kanonischen Lernens" systematisch beobachten und ähnliche Erkenntnis- und Entwicklungsprozesse in zeitgenössischen Kontexten anregen zu können.

Mein spezifischer Vorschlag für den kanonischen Anschluß des Diskurses über den Themenkomplex „Moral, Recht, Ethos" lautet, die Transformationen der großen Gesetzeskorpora und die „Ausdifferenzierung" der (im „Bundesbuch" [Ex 20,22-23,33] ja noch eingeschlossenen) Rechtsfallorientierung und Rechtskultur im engeren Sinn zu reflektieren. Damit wird „das Gesetz" zunächst als Rechtsordnung und als Prägekraft für eine Moral der Barmherzigkeit in den Blick genommen. Durch das Gesetz wird die hochriskante - aber auch rechtlich und moralisch kreative - Verbindung der normativen Regelung von Konfliktfällen zwischen Gleichgestellten[111] und akut und chronisch Ungleichgestellten[112] hergestellt. Die das Recht und das Erbarmen betreffenden Bestimmungen werden im Bundesbuch noch einmal „umrahmt" durch den Kult betreffende Bestimmungen.[113] Mit diesem Normenzusammenhang wird deutlich, daß die Gemeinschaft Gottes mit den Menschen, die durch Gottes Gerechtigkeit und Barmherzigkeit aufgerichtet wird, auch der Grund einer Ordnung der Gerechtigkeit und des Schutzes der Schwachen zwischen den Menschen ist. Jede Rechtspraxis und jede Moral, jede Gewaltmonopolisierung unter den Menschen muß für ihren

---

[109]   Friedrich Schleiermacher, Der christliche Glaube. Nach den Grundsätzen der evangelischen Kirche im Zusammenhange dargestellt, 7. Aufl. De Guyter: Berlin 1960, 52f. Vgl. auch Bernd Oberdorfer, Biblisch-realistische Theologie. Methodologische Überlegungen zu einem dogmatischen Programm, in: S. Brandt / B. Oberdorfer (Hg.), Resonanzen, Foedus: Wuppertal 1997, 63ff, 65-69.

[110]   Vgl. David Tracy, The Analogical Imagination. Christian Theology and the Culture of Pluralism, Crossroad: New York 1981, bes. 28ff und 405ff; Vf. Sola Scriptura? The Authority of Scripture in Pluralistic Environments, FS for Patrick Miller, Eisenbrowns 2002.

[111]   Vgl. die das Recht im engen Sinn betreffenden Bestimmungen Ex 21,12ff.

[112]   Siehe die die Rechtsfallbestimmungen gleichsam umrahmenden das Erbarmen betreffenden Bestimmungen im Sklavengesetz einerseits und in den die Witwen, Waisen, Fremden und Schwachen betreffenden Erbarmensgesetzen andererseits: Ex 21,1ff und Ex 22,20ff.

[113]   Ex 20,22ff und Ex 23,13ff.

Grund in Gottes Gerechtigkeit und Barmherzigkeit offen und durchsichtig sein.[114]

Es ist wichtig zu sehen, daß dies nicht die einzige Form ist, in der uns „das Gesetz" in den biblischen Überlieferungen begegnet. „Das Gesetz" als Tora begegnet uns auch als narrativ und normativ weit ausgreifende Weisung für ein Leben in der Bundesgemeinschaft mit Gott, die umfassend das individuelle und gemeinsame Erinnern und Erwarten prägt. „Das Gesetz" als Dekalog behaftet jeden einzelnen Menschen beim Tun des Willens Gottes: in der Gemeinschaft mit Gott (erste Tafel) und in der nachbarschaftlichen Gemeinschaft unter den Geschöpfen (zweite Tafel). Der Gott, der sich Israels erbarmt und sein Volk befreit hat, gibt seine Weisung zur Bewahrung der geschenkten Freiheit im Gottesverhältnis und in den nachbarschaftlichen Beziehungen. „Das Gesetz" begegnet aber auch als Anleitung zu einer weisheitlichen Lebensführung, die in der Gottesfurcht den Maßstab alles Handelns sieht und sich zugleich an der Regelhaftigkeit der Strukturen des Geschöpflichen orientiert. Im immer neuen Fragen nach Gottes Intentionen werden die geschöpflichen Ordnungszusammenhänge erforscht und die menschlichen Lebensordnungen überprüft - um einer Gott und den Mitmenschen gegenüber verantwortungsvollen Lebensführung willen.[115]

Der theologische Rückbezug auf „das Gesetz" als Formenzusammenhang von Kult, Recht und Erbarmen betreffenden Bestimmungen ist deshalb im Rahmen unserer Themenstellung besonders fruchtbar, weil er normative Entwicklungspotentiale erkennen läßt, die immer wieder die Hoffnung weckten, religiöse Orientierung könne die oben skizzierte Selbststeuerung der Menschen durch Moral,

---

[114]   Vgl. dazu Michael Welker, Erbarmen und soziale Identität. Zur Neuformulierung der Lehre von Gesetz und Evangelium II. Evangelische Kommentare 19, 1986, 39-42; ders., Security of Expectations. Reformulating the Theology of Law and Gospel. Journal of Religion 66, 1986, 237-260; Dynamiken der Rechtsentwicklung in den biblischen Überlieferungen, in: O. Weinberger / G.H. von Wright u.a. (Hg.), Rechtsnorm und Rechtswirklichkeit, FS für Werner Krawietz, Duncker & Humblot: Berlin 1993, 779-795. Vgl. auch die Diskussion dieses Formenzusammenhangs von „Kult, Recht und Erbarmen" in exegetischen, ethischen und diakoniewissenschaftlichen Kontexten: Paul Hanson, The People Called: The Growth of Community in the Bible, Harper and Row: San Francisco 1986; Wolfgang Huber, Gerechtigkeit und Recht. Grundlinien christlicher Rechtsethik, Kaiser: Gütersloh 1996, 127ff; Jürgen Gohde, Zur Anwaltschaft herausgefordert, in: M. Welker (Hg.), Brennpunkt Diakonie, FS für Rudolf Weth, Neukirchener Verlag: Neukirchen 2. Aufl. 1999, 15ff. Siehe auch Norbert Lohfink, Gesetz, Gerechtigkeit und Erbarmen im Alten Testament und im Alten Orient, Euntes Docete LII (1999) 3, 251-265; Bernd Janowski, Der barmherzige Richter. Zur Einheit von Gerechtigkeit und Barmherzigkeit im Gottesbild des Alten Orients und des Alten Testaments, in: Ruth Scoralik (Hg.), Das Drama der Barmherzigkeit Gottes. Studien zur biblischen Gottesrede und ihrer Wirkungsgeschichte in Judentum und Christentum, Katholisches Bibelwerk: Stuttgart 2000, 33ff.

[115]   Vgl. dazu den Beitrag von Rudolf Smend in: ders. / Ulrich Luz, Gesetz, Kohlhammer: Stuttgart 1981, 9ff.

Recht und Ethos tragen und verbessern bzw. der Selbstgefährdung durch Moral, Recht und Ethos entgegenwirken. Die kultische Konzentration auf den gerechten und barmherzigen Gott und das Bemühen um eine für den Schutz der Schwachen sensible Rechtsentwicklung sowie eine auf Verrechtlichung drängende Moral der Barmherzigkeit konnten sich wechselseitig verstärken. Die Orientierung am Kult gewährleistet starke Bildungsimpulse auf vielen kognitiven und emotionalen Ebenen, die ein auf Gerechtigkeit und Erbarmen konzentriertes Ethos und eine entsprechende moralische Kommunikation förderten. Der auf den gerechten und barmherzigen Gott und seine Geschichte mit den Menschen konzentrierte Kult erinnert zugleich beständig daran, daß das Gewaltmonopol dem König oder dem Staat durch diesen Gott verliehen ist, welches, modern gesprochen, in „rechtsstaatlichen" und „sozialstaatlichen" Formen wahrgenommen werden muß. Die Umklammerung des Rechts durch Kult- und Erbarmensgesetze konnte als Bollwerk gegen die Gefahren seiner politischen und moralischen Deformation angesehen werden.

Die Rekonstruktion der Entwicklungsdynamiken, die im Formenzusammenhang von Kult, Recht und Erbarmen liegen, leidet allerdings unter zahlreichen Schwierigkeiten, Phänome und Funktionen des Kults historisch und systematisch sicher zu bestimmen.[116] In welcher Weise wird im Kult das kulturelle Gedächtnis gepflegt und normative Erwartungssicherheit stabilisiert? Unter welchen Bedingungen wird der Kult dafür offen, nicht nur Gewißheiten und Routinen im Blick auf Geschichte und soziale Zukunft zu stabilisieren, sondern Gewißheiten in der Suche nach Wahrheit gleichermaßen zu problematisieren und zu steigern? Die schwierige, aber unverzichtbare Aufgabe, normative Potentiale zu transformieren und zu verbessern, ohne dabei ihre Bindekräfte zu zerstören[117], wird durch die Spannung von Recht und Erbarmen ermöglicht. Die systematische Orientierung des Rechts am Erbarmen nötigt zu einer beständigen Verfeinerung der Rechtskultur und zu ihrer Universalisierung. Die systematische Orientierung des Erbarmens am Recht führt zu einer Entemotionalisierung und Routinisierung des Erbarmens und strebt hin auf eine „Kultur des Helfens", die eine Vielzahl sozialer und diakonischer Institutionen entwickelt. Die Wechselwirkung des Kults mit der Interdependenz von Recht und Erbarmen ist im

---

[116] Dies unterstreichen die Beiträge von Jacob Taubes, Vom Kult zur Kultur. Bausteine zu einer Kritk der historischen Vernunft, Fink 1996; historisch aufschlußreich sind die Ausführungen von Patrick D. Miller, The Religion of Ancient Israel, Westminster John Knox: Louisville 2000, bes. 62ff.

[117] Vgl. zu dieser „Funktion der Religion" Jan Assmann / Bernd Janowski / Michael Welker, Richten und Retten. Zur Aktualität der altorientalischen und biblischen Gerechtig-

kulturellen und kanonischen Gedächtnis des gerechten und barmherzigen, richtenden und rettenden Gottes greifbar. Dennoch spricht die Evolution der Gesetzeskorpora und die „Ausdifferenzierung" der Rechtsfälle regelnden Sätze aus dem Gesetz dafür, die formgebende Kraft menschlichen Rechts weder im Blick auf die religiöse noch im Blick auf die moralische Kommunikation zu überschätzen.

Verblaßt aber die Prägekraft des Rechts im beschriebenen Formenzusammenhang, so können Kult und Erbarmen einem Ethos und einer Moral mit äußerst unerfreulichen bevormundenden, ja gönnerhaft-unterdrückerischen stände- und klassengesellschaftlichen Zügen zuarbeiten. Kultur und Gesellschaft können dann nur froh sein, wenn ein am Dekalog orientiertes Nachbarschaftsethos und weisheitliche Ordnungssuche „in Gottesfurcht" den „großen normativen Lösungen" entgegensteuern. Auf einem höheren Niveau wiederholt sich also auf der gesetzestheologischen Ebene das Dilemma von Selbststeuerung und Selbstgefährdung, das wir oben im Blick auf Moral, Recht und Ethos vor Augen gebracht haben.

Das heißt aber nicht, daß dieses „höhere Niveau" geringzuschätzen wäre. So einfältig es wäre, die Ablösung des „totalen Staates" durch den „Rechts- und Sozialstaat" geringzuschätzen, etwa aufgrund der Beobachtung, daß dieser Staat unter der zunehmenden Dominanz von Markt, Technologie und Medien mutiere, so fahrlässig wäre es, die großen normativen Steuerungskräfte, die in den biblischen Gesetzestraditionen vorliegen, zu unterschätzen, da sie in Geschichte und Gegenwart nur partiell und zeitlich begrenzt das Ethos und die moralische Kommunikation geprägt haben und prägen. Man muß nicht erst die immer wieder aktuellen Gefahren der Durchsetzung eines „olympischen" bzw. „nietzscheanischen" Ethos vor Augen haben[118], um die in der Orientierung am Formenzusammenhang von Kult, Recht und Erbarmen liegende Wohltat zu würdigen.

Die unverzichtbare Unterscheidung von Niveaus normativer Steuerungen menschlichen Erkennens, Handelns und Verhaltens und die Würdigung der Beiträge der Religion und eines am Schutz der Schwachen orientierten Ethos können den Blick für Entwicklungsrichtungen schärfen, in denen menschlicher Selbstgefährdung durch eben diese Steuerung historisch entgegengewirkt wurde. Sie dürfen aber nicht die Illusion erzeugen, als gäbe es auf dieser Ebene einen

---

keitskonzeption, in: dies. (Hg.), Gerechtigkeit. Richten und Retten in der abendländischen Tradition und ihren altorientalischen Ursprüngen, Fink: München 1998, 9ff.

118   Vgl. dazu Wolfgang Huber, Die tägliche Gewalt. Gegen den Ausverkauf der Menschenwürde, Herder: Freiburg 1993, 46ff; Hermann Barth, Die Würde des Menschen kennt keine Einschränkungen. Wider den Götzendienst am Starken und Leistungsfähigen, in: Brennpunkt Diakonie, aaO., 65ff.

von einem Prinzip, einer Regel oder einem Regelzusammenhang garantierten Schutz gegen die Selbstgefährdung durch eben diese Steuerungen. Auch auf den mit guten Gründen als „höherwertig" angesehenen Niveaus können die normativen Steuerungen zu Formen und Prozessen systematischer menschlicher Selbstgefährdung und Selbstzerstörung deformiert werden. Auch in Faschismus und Apartheit wurde religiös und moralisch kommuniziert, erzogen, regiert und richterlich verfahren. In weniger auffälligen und dramatischen Formen leben menschliche Gemeinschaften beständig in der Spannung von Selbststeuerung und Selbstgefährdung durch Moral, Recht, Ethos und Religion. Vom Evangelium aus wird diese Gefahr mit der Erkenntnis ins Auge gefaßt, daß das gute Gesetz Gottes unter der Macht der Sünde steht und daß es unter dieser Macht zu einer verderbenbringenden Größe wird.

3. Das Evangelium, die Sündenerkenntnis und das Ethos der Liebe

Es sind Kreuz und Auferweckung Jesu Christi, die die Selbstabschließung der Menschen gegen Gottes Gegenwart, aber auch Gottes Heilswillen und Gottes eigene Auseinandersetzung mit dieser Selbstabschließung vor Augen bringen. Das Kreuz Christi offenbart die Kooperation von Religion, Recht, Politik und öffentlicher Meinung in dieser Selbstabschließung. Es offenbart diese Kooperation in höchster Zuspitzung, da Juden und Römer[119], Toratreue und Heiden, da zweierlei Recht, Besatzer und Besetzte, Freunde und Feinde in einer viele Differenzen und Konflikte übergreifenden Weise zusammenwirken.[120]

Aus dieser Situation der Selbstabschließung der Welt gegenüber Gott und Gottes Heilswillen befreit Gott allein, indem Gott aus freier Gnade und Güte durch die Auferweckung bzw. durch die Auferstehung Christi eine neue Wirklichkeit herbeiführt, die im Glauben ergriffen wird, an der im Glauben Anteil gewonnen wird.[121] Mit der Rede vom „Evangelium" sprechen die neutestamentlichen Überlieferungen diese im Glauben zu empfangende neue Wirklichkeit in verschiedenen Gewichtungen an: das Evangelium Gottes, das Evangelium Jesu Christi, das Evangelium vom Reich (Mk 1,14 par; Lk 16,16 u.ö.), das Evangelium von der

---

[119]   Darauf hat Jürgen Moltmann mit der Betonung aufmerksam gemacht, daß Jesus als „Gotteslästerer" und als „Aufrührer" gekreuzigt wurde. Vgl. ders., Der gekreuzigte Gott. Das Kreuz Christi als Grund und Kritik christlicher Theologie, Kaiser: München 1972, 121ff. Die starke Konzentration auf den leidenden Gott hat dann, nicht nur in Moltmanns Werk, sowohl die Offenbarung der „Mächte dieser Welt" unter der Macht der Sünde durch das Kreuz als auch die Auseinandersetzung Gottes mit dieser Situation durch die Auferstehung undeutlich werden lassen.

[120]   Die Abendmahlsparadosis („Nacht des Verrats") und die Rede von der Flucht der Jünger verbieten es, die Jesus Nahestehenden von dieser Verstrickung auszunehmen.

[121]   Vgl. dazu auch Wilfried Härle, Dogmatik, de Gruyter: Berlin 1995, 89ff.

Auferstehung (Apg 17,18), das Evangelium von der Gnade Gottes (Apg 20,24), von der Herrlichkeit Gottes (1 Ti 1,11), das Evangelium „von eurer Rettung", das Evangelium des Friedens (Eph 1,13; 6,15).

Die neue Wirklichkeit ist nicht in einer mirakulösen physischen Wiederbelebung des vorösterlichen Jesus zu suchen, sondern in der Selbstvergegenwärtigung der Fülle der Person Jesu Christi und seines Lebens „im Geist und im Glauben". Gegenüber fundamentalistischen Reduktionen der Auferstehung auf eine bloße physische Wiederbelebung[122] betonen die biblischen Auferstehungszeugnisse das Zugleich von Sinnfälligkeit und Erscheinungscharakter der Auferstehungswirklichkeit sowie das Zugleich von Theophanieerfahrung und Zweifel.[123] Wie die Emmausgeschichte und die Überlieferungen vom leeren Grab in verschiedener Weise deutlich machen, weisen die Auferstehungszeugnisse darauf hin, daß die Auferstehungsgewißheit nicht durch ein spektakuläres Einzelereignis ausgelöst wird. Vielfältige zeichenhafte Ereignisse, in denen das Leben und Wirken Jesu in neuer Weise gegenwärtig wird (Brotbrechen, Anrede, Friedensgruß, Auslegung der Schrift), lösen die Gewißheit aus: er ist auferstanden, er lebt![124]

Francis Fiorenza hat im Rückblick auf eine mehrjährige Diskussion vor allem in der römisch-katholischen Theologie gezeigt, daß diese notwendig multiplen Zeugnisse zu metaphorischer Rede veanlassen, wenn sie aufeinander verweisen und wenn sie die komplexe Gesamtwirklichkeit, auf die sie perspektivisch verweisen, thematisieren wollen. Er hat auch betont, daß diese Zeugnisse mit elementaren rituellen Formen kirchlichen Lebens korrelieren.[125] Sarah Coakley hat darauf aufmerksam gemacht, daß eine Epistemologie der Auferstehungszeugnisse die Polyphonie der durch die Auferstehung angesprochenen Sinne berücksichtigen müsse. Berücksichtigt werden müssen „our continuing difficulties in

---

[122] Diese Reduktion und die damit verbundene Skepsis gegenüber dem Glauben an die Auferstehung werden von den meisten Kritikern des Auferstehungsglaubens per Negation verstärkt. Vgl. zur umfassenden Auseinandersetzung damit die Beiträge in: Hans-Joachim Eckstein / Michael Welker (Hg.), Die Wirklichkeit der Auferstehung, Neukirchener Verlag: Neukirchen 2002; Ted Peters / Robert Russell / Michael Welker (Hg.), Resurrection: Theological and Scientific Assessments, Eerdmans: Grand Rapids 2002.

[123] Vgl. Michael Welker, Auferstehung, Glauben und Lernen 9, 1994, 39-49; Joachim Ringleben, Wahrhaft auferstanden. Zur Begründung der Theologie des lebendigen Gottes, Mohr: Tübingen 1998.

[124] Siehe Vf., Die Gegenwart des auferstandenen Christus als das Wesentliche des Christentums, in: W. Härle / H. Schmidt / M. Welker (Hg.), Das ist christlich: Nachdenken über das Wesen des Christentums, Gütersloh 2000, 91-103.

[125] Francis Fiorenza, The Resurrection of Jesus and Roman Catholic Fundamental Theology, in: The Resurrection. An Interdisciplinary Symposium on the Resurrection of Jesus, ed. St. T. Davis, D. Kendall, G. O'Collins, Oxford University Press: Oxford 1997, 213-248, 238ff.

expressing the reality of a risen Christ who cannot finally be grasped, but rather 'seen' - 'not with the eyes only',,.[126] Unsere Schwierigkeiten, die Auferstehungswirklichkeit zu verstehen, sind, so Coakley, auf einen Erkenntnisreichtum zurückzuführen, den wir wissenschaftlich nur in einer Diskursivität erschließen können, die hinter diesem Reichtum notorisch zurückbleibt.

Mit dem Auferstandenen wird die Vieldimensionalität seiner Person und seines Wirkens und die Vieldimensionalität der Anschlüsse an dieses Leben gegenwärtig. Die Kräfte der Liebe, die Kräfte der Vergebung, die Kräfte der Heilung, die Kräfte der Zuwendung zu den Kindern, zu den Schwachen, den Ausgestoßenen, den Kranken, den Notleidenden werden mit der Gegenwart des Auferstandenen „im Geist und im Glauben" vermittelt. Aber auch die Kräfte der Auseinandersetzung mit den sogenannten „Mächten und Gewalten", etwa mit politischen und mit religiösen Mächten im Fragen nach Gerechtigkeit und in der Suche nach Wahrheit, gewinnen in seiner Gegenwart Gestalt. Dies geschieht einerseits in meist unscheinbaren, umstrittenen und angefochtenen Formen. Andererseits ist der Glaube, der sich diese Wirklichkeit zueignen und in sie hineinnehmen läßt, dessen gewiß, daß er einer Offenbarung entgegenlebt - bzw. daß diese auf ihn zukommt -, die die Verborgenheit der Gegenwart des Auferstandenen unter den Bedingungen dieser Lebenswirklichkeit aufheben wird.[127]

Durch die Auferstehung wird die innergöttliche Liebe und die Liebe Gottes zu Gottes Geschöpfen offenbar. Die innergöttliche Liebe ist nicht eine Ich-Du-Beziehung oder „Reziprozität", an der die Menschen nur in mystischer Weise - irgendwie - Anteil gewinnen. Es handelt sich vielmehr um eine - letztlich trinitätstheologisch zu entfaltende - sich nach außen öffnende Beziehung, die mit der Bekanntmachung und Offenbarung des Vaters bzw. seines Namens unter den Geschöpfen (Joh 17,26) sowie mit der Offenbarung des Sohnes und seinem „Wohnen" bei den Seinen (Joh 14,21ff) verbunden ist.[128] Die göttliche Liebe sucht Nachahmung und Einstimmung in der Ehrung des Geliebten, geht also über die eigene ehrende Beziehung auf den Geliebten hinaus. Die göttliche Liebe öffnet

[126]   Sarah Coakley, The Resurrection and the 'Spiritual Senses': On Wittgenstein, Epistemology and the Risen Christ, in: dies., Powers and Submission: Spirituality, Philosophy and Gender, Blackwell: Oxford 2002.

[127]   Zum Verständnis dieser „eschatologischen Komplementarität" vgl. Vf. und Michael Wolter, Die Unscheinbarkeit des Reiches Gottes, in: Reich Gottes, Marburger Jahrbuch Theologie XI, hg. W. Härle u. R. Preul, Elwert Verlag: Marburg 1999, 103-116.

[128]   Die folgenden Gedanken nehmen Überlegungen und Wendungen auf aus: Vf., Romantic Love, Covenantal Love, Kenotic Love, in: John Polkinghorne (Hg.), The Work of Love. Creation as Kenosis, Eerdmans: Grand Rapids 2001 und SPCK: London 2001, 127-136; ders., Art.: Liebe, Evangelisches Soziallexikon. Neuausgabe, M. Honecker u.a. (Hg.), Kohlhammer: Stuttgart/Berlin/Köln 2001, 959-963.

sich, gibt Anteil an sich. Gott gibt mit der liebenden Tat der Auferweckung nicht nur die göttliche Identität und schöpferische Macht zu erkennen. So wie der Schöpfer über die Liebesbeziehung zu Jesus Christus diesem die schöpferische Macht anvertraut, so sollen auch die Menschen über die Liebe mit Gott vertraut werden und an Gottes Macht Anteil gewinnen. Die biblischen Überlieferungen verbinden diese Machtübertragung mit dem Wirken und der „Ausgießung" des Heiligen Geistes.

Die biblischen Überlieferungen betonen über das ganze Spektrum des Kanons und damit über Jahrhunderte hinweg die Verbindung der „Liebe zu Gott" mit dem „Achten und Halten der Gebote" bzw. mit dem „Festhalten an Gottes Wort".[129] Generell heißt „Liebe zu Gott" also auch: Gottes Intentionen, Gottes Interessen an der Wohlordnung und am Gedeihen der Schöpfung aufzunehmen und zu verfolgen. Die Liebe zu Gott schließt die gesetzestreue (AT) bzw. die an Jesu Leben und Lehre orientierte (NT) liebende Beziehung zu den Mitmenschen bzw. zu den Mitgeschöpfen ein. Wenn die Liebe allgemein als „Erfüllung des Gesetzes" bezeichnet wird[130], so wird darauf abgestellt, die liebende Beziehung zu Gott und die liebenden Beziehungen zu den Mitgeschöpfen zu verbinden.

Die Interessen Gottes an der Wohlordnung und am Gedeihen der Schöpfung werden von den Menschen nicht hinreichend in der Beschränkung auf die Liebe im Rahmen von Familie und Freundschaft aufgenommen.[131] Schon in den alttestamentlichen Überlieferungen wird das Gebot der Liebe zum „Nächsten" nicht nur - exemplarisch im Dekalog - in einem komplexen Nachbarschaftsethos entfaltet. Es wird auch auf die Fremden und sogar auf die Feinde ausgeweitet.[132] Die Liebe wird als eine Steigerung des Erbarmens mit akut oder chronisch Schwachen angesehen, das vom Gesetz Gottes erwartet wird. Die volle Bedeutung dieser Steigerung wird erst verständlich, wenn das Phänomen des „Wachsens in der Liebe" erfaßt wird. Mehrere biblische Überlieferungen charakterisieren den dynamischen Prozeß, der diejenigen vervollkommnet, die sich von Gottes Liebe und von der Liebe zu Gott ergreifen und prägen lassen. Sie treten in ein Verhältnis zum lebendigen Gott, und diese Beziehung verwandelt sie. In der Liebe zu Gott, die immer auch die Liebe zu den Nächsten einschließt, werden die Menschen nicht nur an Gottes Intentionen mit der Schöpfung beteiligt. Sie werden auch - in dieser Liebe und Beauftragung wachsend - sich selbst erschlossen.

---

[129]   Z.B. Ex 20,6; Deut 7,9; Lk 11,42; Joh 14,15.21ff; 15,9; 1Joh 5,3.
[130]   Z.B. Röm 13,8; Gal 5,14.
[131]   Wenn ihr nur die liebt, die euch lieben, welchen Dank erwartet ihr dafür? Auch die Sünder lieben die, von denen sie geliebt werden (Lk 6,32; vgl. 6,33ff und Mt 5,46f).
[132]   Vgl. Lev 19,34 u. Dtn 10,18; Gen 23, 4f.

Der Wachstumsprozeß, in dem die lebendige liebende Gottesbeziehung zum unsichtbaren Gott mitsamt der Beauftragung zur Liebe unter den Geschöpfen Gestalt gewinnt, wird von den verschiedenen neutestamentlichen Überlieferungen bemerkenswert ähnlich beschrieben. In der Liebe erhalten die Menschen so Anteil an der Identität und Wahrheit Gottes, daß diese in ihnen, in ihrem Leib und Leben Gestalt und Wirklichkeit gewinnen. Paulus beschreibt das so, daß die „Liebe Christi" die Menschen geradezu „drängt" zur Erkenntnis: Gottes Handeln lädt sie in Christus ein, an Christus Anteil zu gewinnen und „eine neue Schöpfung" zu werden (2Kor 5,14-17). Der Kolosserbrief betont, daß wir im Zusammenhalt der Liebe „tiefe und reiche Einsicht erlangen und das göttliche Geheimnis erkennen, daß Christus der ist, in dem alle Schätze der Weisheit und Erkenntnis verborgen sind" (Kol 2,2f). Dem Epheserbrief zufolge wird durch die Verwurzelung in der Liebe und gegründet auf sie nicht nur die Liebe Christi verstanden, „die alle Erkenntnis übersteigt". Die Liebenden erhalten vielmehr einen immer größeren Anteil an Gottes Kraft und Wesen: „So werdet ihr mehr und mehr von der ganzen Fülle Gottes erfüllt" (Eph 3,19; vgl. 17ff).

Das Ethos der Liebe, mit dem die Menschen durch die Auferstehung beschenkt werden, an dem sie im Glauben Anteil gewinnen, nimmt die Intentionen des Gesetzes auf. Es wäre aber in fataler Weise falsch verstanden und verfehlt, wenn es als ein verfeinertes Erbarmensethos oder als ein zu errichtender Rahmen zur moralischen Selbststeuerung aufgefaßt und interpretiert würde. Gottes Gegenwart im Auferstandenen - in aller Verborgenheit und Unscheinbarkeit unter den Bedingungen dieser Welt - sich gefallen lassen, sich vom Erweis der göttlichen Liebe ergreifen und erheben lassen - mit dieser Einstellung und Haltung des Glaubens wird das Ethos der Liebe empfangen. Aus dieser Perspektive können die menschlichen Versuche normativer Selbststeuerung und die gesetzestheologischen Beiträge zur Orientierung und Optimierung dieser Versuche neu wahrgenommen werden: In ihrem Mut, in ihrer Ingeniosität, in ihrer Selbstüberschätzung und in ihrer Hilflosigkeit, Gefährlichkeit und Zerstörungskraft. Diese empathische, distanzierte und nuancierte Wahrnehmung von Moral, Recht und einem nur durch sie geprägten Ethos charakterisiert die am Evangelium orientierte theologische Sicht.

Robert Alexy

RECHT UND MORAL

Von den zahlreichen Problemen, zu denen die Frage nach dem Begriff und der Natur des Rechts führt, ist das des Verhältnisses von Recht und Moral eines der zugleich fundamentalsten und hartnäckigsten. Zwei Positionen stehen sich seit mehr als zweitausend Jahren gegenüber: der Positivismus und der Nichtpositivismus. Alle Positivisten vertreten die Trennbarkeits- und die Trennungsthese. Alle Nichtpositivisten stellen dem mindestens eine Version der Verbindungsthese entgegen.

1. Die Trennbarkeits- und die Trennungsthese

Die Trennbarkeitsthese sagt, daß es keinen begrifflich notwendigen Zusammenhang zwischen Recht und Moral gibt. Das impliziert, daß alle Zusammenhänge zwischen Recht und Moral einen bloß kontingenten Charakter haben. Damit wird bestritten, daß ein notwendiger Zusammenhang zwischen dem besteht, was das Recht gebietet, und dem, was die Moral oder die Gerechtigkeit fordert, oder zwischen dem Recht, wie es ist, und dem Recht, wie es sein soll. Der große Rechtspositivist Hans Kelsen hat dies in die Formel gefaßt: „Jeder beliebige Inhalt kann Recht sein."[133]

Die Trennbarkeitsthese definiert die schwächste Version des Rechtspositivismus. Sie sagt nur, daß es möglich ist, dem Recht jeden beliebigen Inhalt zu geben, unabhängig von allen Forderungen der Gerechtigkeit. Sie schließt damit nicht die Möglichkeit aus, daß das positive Recht einer bestimmten Gemeinschaft moralische Prinzipien einschließt, was etwa durch Verfassungsbestimmungen, die Menschenrechte in positives Recht transformieren, geschehen kann. Vom Standpunkt eines positivistisch verstandenen Rechtsbegriffs aus ist das einzige, was der Rechtsbegriff als solcher verlangt, daß der Einschluß moralischer Gehalte in das Recht als Tatsachenfrage, also als bloß kontingent, behandelt wird und auf keinen Fall irgendwie als notwendig.

---

[133] H. Kelsen, Reine Rechtslehre, 1. Aufl., Leipzig/Wien 1934, S. 63.

Eine stärkere Form des Positivismus wird durch die Trennungsthese zum Ausdruck gebracht. Die Trennungsthese setzt notwendig die Trennbarkeitsthese voraus und fügt ihr hinzu, daß es gute normative Gründe dafür gibt, den Begriff des Rechts so zu definieren, daß alle moralischen Elemente ausgeschlossen werden. Das bedeutet, daß die Trennbarkeits- und die Trennungsthese sich auf zwei unterschiedliche Arten von Argumenten beziehen. Bei der Trennbarkeitsthese geht es, ebenso wie bei ihrem Gegenstück, der Nichttrennbarkeitsthese, um das, was notwendig, analytisch oder apriorisch ist. Auch die Trennungsthese hängt von solchen Argumenten ab, denn es kann keine Trennung ohne Trennbarkeit geben. Aber sie geht weiter. Sie beschränkt sich nicht darauf zu sagen, welche Definitionen des Rechts möglich sind, sondern versucht darüber hinaus die beste zu identifizieren. Hierzu sind normative Argumente erforderlich. Es gibt daher eine Arbeitsteilung zwischen der Trennbarkeits- und der Trennungsthese. Die Argumente für die erste These versuchen zu zeigen, daß es möglich ist, alle moralischen Elemente aus dem Rechtsbegriff auszuschließen; die Argumente für die zweite These zielen darauf, daß dieser Ausschluß einem Einschluß vorzuziehen ist.

Wenn die Trennungsthese richtig ist, bleiben nur zwei Definitionselemente: das der ordnungsgemäßen Gesetztheit und das der sozialen Wirksamkeit. Der Begriff der sozialen Wirksamkeit bezieht sich auf Dinge wie Gewohnheiten, sanktionsbewehrte Befehle, Überzeugungen, Gefühle und Einstellungen. Autoren aus dem Lager des Rechtsrealismus haben auf dieser Linie versucht, das Recht auf soziale oder psychische Tatsachen als natürliche Tatsachen zu reduzieren.[134] Der Begriff der ordnungsgemäßen Gesetztheit ist komplizierter. Es ist unmöglich, zwischen ordnungsgemäß Gesetztem und nicht ordnungsgemäß Gesetztem zu unterscheiden, ohne auf Normen Bezug zu nehmen, welche die Kompetenz zur Rechtssetzung begründen und definieren. Die berühmteste kompetenzbegründende Norm ist Kelsens Grundnorm. Kelsen zielt mit der Einführung dieser fundamentalen kompetenzbegründenden Norm auf Normativität ohne Moralität.[135]

Die Elemente der sozialen Wirksamkeit und der ordnungsgemäßen Gesetztheit können auf sehr unterschiedliche Weisen interpretiert und zueinander ins Verhältnis gesetzt werden. Das ist der Grund dafür, daß zahlreiche Varianten des Rechtspositivismus möglich sind. Ihnen allen gemeinsam ist, daß die Begriffe der sozialen Wirksamkeit und/oder der ordnungsgemäßen Gesetztheit für die

---

[134] K. Olivecrona, Law as Fact, Kopenhagen/London 1939, S. 27.

[135] S. L. Paulson, Introduction, in: S. L. Paulson/B. Litschewski Paulson (Hg.), Normativity and Norms, Oxford 1998, S. XXX–XXXV.

Definition des Rechts hinreichend sein sollen. Die Moralität als solche soll weder ein notwendiges noch ein wünschenswertes drittes Element des Begriffs des Rechts sein. Genau das bestreitet der Nichtpositivismus. Alle Nichtpositivisten teilen die Auffassung, daß der Begriff des Rechts moralische Elemente einschlie-ßen muß oder soll. Wenn der Einschluß moralischer Elemente als begrifflich notwendig angesehen wird, kann von einer „starken Verbindungsthese" gespro-chen werden. Die starke Verbindungsthese ist die Negation der Trennbarkeits-these. Wenn der Einschluß nur als gesollt oder vorzugswürdig, nicht aber als begrifflich notwendig angesehen wird, kann von einer „schwachen Verbin-dungsthese" gesprochen werden. Die schwache Verbindungsthese macht keine begrifflich, sondern nur eine normativ notwendige Verbindung geltend. Sie ist die Negation der Trennungsthese.

Der radikalste nichtpositivistische Begriff des Rechts entsteht aus der vollstän-digen Ersetzung der sozialen Wirksamkeit und der ordnungsgemäßen Gesetzt-heit durch die moralische Richtigkeit. Das wäre eine reine Naturrechtstheorie. In der Praxis würde eine solche radikale reine Naturrechtstheorie auf den Anar-chismus hinauslaufen. Deshalb betonen ernsthafte Naturrechtler wie Thomas von Aquin die Notwendigkeit des durch ordnungsgemäße Gesetztheit und sozi-ale Wirksamkeit definierten positiven Rechts.[136] Die entscheidende Frage ist da-her nicht, ob das Recht entweder durch die soziale Wirksamkeit zusammen mit der ordnungsgemäßen Gesetztheit oder durch die moralische Richtigkeit zu de-finieren ist, sondern vielmehr, ob die soziale Wirksamkeit und die ordnungsge-mäße Gesetztheit auf die eine oder andere Weise mit der moralischen Richtigkeit zu verbinden sind oder nicht. Es gibt drei mögliche Arten einer solchen Verbin-dung. Die Moral kann erstens dadurch mit dem positiven Recht verbunden wer-den, daß moralische Prinzipien und Argumente in das Recht eingeschlossen werden, zweitens dadurch, daß durch die Moral der mögliche Inhalt des Rechts begrenzt wird, und drittens dadurch, daß die Moral eine Pflicht zum Rechtsge-horsam begründet. Man kann deshalb drei Probleme der Beziehung zwischen Recht und Moral unterscheiden: das Einschlußproblem, das Begrenzungsprob-lem und das Begründungsproblem.

2. Das Einschlußproblem

Die logische Basis des Einschluß- oder, wie man auch sagen kann, des Inklusi-onsproblems ist die offene Struktur des Rechts. Positivisten und Nichtpositivis-

---

[136] Thomas von Aquin, Summa theologiae, I-II, qu. 90, a. 3, 4; qu. 91, a. 3; qu. 95, a. 1; II-II, qu. 57, a. 2.

ten stimmen darin überein, daß das Recht erstens eine offene Struktur hat[137] und daß zweitens Fälle, die in den Offenheitsbereich des positiven Rechts fallen, oft aufgrund moralischer Gründe entschieden werden. Eine solche rein faktische Verbindung ist vollständig mit dem Rechtspositivismus vereinbar. Man verbleibt selbst dann im positivistischen Lager, wenn man einen Schritt weiter geht und annimmt, daß moralische Prinzipien wegen ihrer Richtigkeit in das Recht durch eine Erkenntnisregel als „conventional normative practice"[138] inkorporiert werden. Eine konventionelle Praxis ist eine Praxis, die entweder existiert oder nicht existiert. Ob sie existiert oder nicht aber ist eine Frage, die durch das jeweilige positive Rechtssystem entschieden wird. Es ist daher richtig, dies als „inclusive positivism"[139] zu bezeichnen.

Der Positivismus wandelt sich erst dann zum Nichtpositivismus, wenn geltend gemacht wird, daß der Einschluß moralischer Prinzipien und Argumente ins Recht notwendig und nicht bloß kontingent ist. Das Hauptargument für die Notwendigkeit dieses Einschlusses ist das Richtigkeitsargument. Es besteht aus zwei Teilen. In einem ersten Schritt wird versucht zu zeigen, daß das Recht notwendig einen Anspruch auf Richtigkeit erhebt. Dem schließt sich als zweiter Schritt der Versuch an darzulegen, daß dieser Anspruch zu einer notwendigen Verbindung zwischen Recht und Moral führt.

Implizite Ansprüche können dadurch explizit gemacht werden, daß gezeigt wird, daß ihre explizite Negation absurd ist. Man stelle sich einen Richter vor, der das folgende Urteil verkündet: „Der Angeklagte wird, was eine falsche Interpretation des geltenden Rechts ist, zu lebenslanger Freiheitsstrafe verurteilt." Die Absurdität dieses Urteils ergibt sich aus dem Widerspruch zwischen dem Anspruch auf Richtigkeit, der mit Rechtsanwendungsakten implizit erhoben wird, und seiner expliziten Negation. Dieser Widerspruch kann nur dann vermieden werden, wenn der Anspruch auf Richtigkeit aufgegeben und durch irgendeine Art von Machtanspruch ersetzt wird. Das aber würde die Verabschiedung des Rechts bedeuten. Eine soziale Praxis, die nichts beansprucht außer Macht oder Gewalt, wäre kein Rechtssystem. In diesem Sinne ist der Anspruch auf Richtigkeit notwendig mit dem Recht verbunden.

Ein Positivist kann dem zustimmen und zugleich behaupten, daß die notwendige Verbindung zwischen dem Recht und dem Anspruch auf Richtigkeit nicht impliziere, daß eine notwendige Verbindung zwischen dem Recht und der Moral existiert. Hierzu muß er nur vortragen, daß der Anspruch auf Richtigkeit ei-

---

[137] H. L. A. Hart, The Concept of Law, 2. Aufl., Oxford 1994, S. 128.
[138] J. Coleman, Authority and Reason, in: R. P. George (Hg.), The Autonomy of Law, Oxford 1996, S. 316.

nen rein rechtlichen Inhalt habe und daß dieser rechtliche Inhalt keine moralischen Implikationen einschließe.

Das führt zu dem zweiten Schritt des Richtigkeitsarguments. Daß ein Fall in
den Offenheitsbereich des positiven Rechts fällt, bedeutet, daß das positive Recht
seine Lösung nicht festlegt. Wenn der Richter ausschließlich durch das positive
Recht gebunden wäre, könnte er immer dann, wenn die positivrechtlichen
Gründe ausgehen, den Fall unter Berufung auf seine persönlichen Präferenzen
oder gar durch Würfeln lösen. Das wäre freilich nur dann mit dem Anspruch auf
Richtigkeit vereinbar, wenn es außer den Gründen des positiven Rechts keinerlei
Gründe für die Richtigkeit einer rechtlichen Entscheidung gäbe. Nun sind rechtliche Entscheidungen Antworten auf praktische Fragen, und es gibt außerhalb
der Klasse der positivrechtlichen Gründe eine Vielzahl von Gründen für Antworten auf praktische Fragen. Das Spektrum reicht von Zweckmäßigkeitserwä-
gungen über in der Tradition wurzelnde Vorstellungen des Guten und Bösen bis
zu Gerechtigkeitsprinzipien.

Gerechtigkeit ist Richtigkeit in bezug auf Verteilung und Ausgleich, und Fragen der Gerechtigkeit sind moralische Fragen. Nun geht es in rechtlichen Entscheidungen wesentlich um Verteilung und Ausgleich. Deshalb geht es in rechtlichen Entscheidungen wesentlich um moralische Fragen. Dies führt zusammen
mit der Notwendigkeit, mit der der Anspruch auf Richtigkeit mit rechtlichen
Entscheidungen erhoben wird, zu einer notwendigen Verbindung der rechtlichen und moralischen Argumentation. Diese notwendige Verbindung von Argumenten bedeutet nicht, daß moralisch fehlerhafte rechtliche Entscheidungen
keine rechtliche Geltung haben können. Sie bedeutet aber, daß solche Entscheidungen nicht nur moralisch, sondern auch rechtlich fehlerhaft sind. Auf diese
Weise wird die Idee der Gerechtigkeit in den Begriff des Rechts eingeschlossen.
Das hat grundlegende Konsequenzen für das Bild des Rechts.[140]

3. Das Begrenzungsproblem

Wenn das Richtigkeitsargument zutrifft, dann sind Rechtsnormen und rechtliche Entscheidungen, die aus moralischen Gründen den Anspruch auf Richtigkeit
nicht erfüllen, zwar rechtlich fehlerhaft, aber sie verlieren allein deshalb nicht
notwendig ihren Rechtscharakter oder ihre rechtliche Geltung. Anarchie wäre
die Konsequenz, wenn jede moralische Fehlerhaftigkeit als solche – also ohne

[139] Ders. (Fn. 6), S. 287.
[140] Vgl. R. Alexy, Recht und Richtigkeit, in: The Reasonable as Rational? Festschrift für Au-
lis Aarnio, hg. v. W. Krawietz/R. S. Summers/O. Weinberger/G. H. v. Wright, Berlin 2000, S.
11 f., 18 f.

irgendeinen institutionellen Entscheidungsakt – ausreichen würde, um die rechtliche Geltung oder sogar den Rechtscharakter einer Norm oder Entscheidung zu
beseitigen. Bis hierhin besteht ein breiter Konsens. Hoch umstritten ist jedoch die
Frage, ob schreiende Ungerechtigkeit die rechtliche Geltung oder den Rechtscharakter beseitigt. Um diese Frage ging es bei Harts wohlbekannter Kritik[141] der
berühmten Formel Radbruchs.[142] Die denkbar kürzeste Fassung dieser Formel
lautet: Extremes Unrecht ist kein Recht. Diese Formel, die von deutschen Gerichten nach der Niederschlagung des Nationalsozialismus im Jahre 1945 und nach
dem Zusammenbruch der DDR im Jahre 1989 angewandt wurde, fordert – anders als der Anspruch auf Richtigkeit – keine vollständige Übereinstimmung von
Recht und Moral. Sie läßt vielmehr ordnungsgemäß gesetzten und sozial wirk-
samen Normen selbst bei schwerer Ungerechtigkeit ihre rechtliche Geltung. Erst
in Fällen extremer Ungerechtigkeit gibt die Formel der materiellen Gerechtigkeit
Vorrang vor der Rechtssicherheit. Auf diese Weise baut sie eine äußerste Grenze
in das Recht ein. Substantiell wird diese Grenze durch den Kern der Menschenrechte definiert.

Die Akzeptabilität der Radbruchschen Formel hängt wesentlich davon ab, ob
sie vom Standpunkt eines Beobachters aus beurteilt wird oder von dem eines
Teilnehmers. Es bereitet dem Nichtpositivisten keine Probleme einzuräumen,
daß ein Beobachter, der das Recht eines Unrechtssystems lediglich beschreiben
will, einen positivistischen Rechtsbegriff, der ausschließlich auf die ordnungsgemäße Gesetztheit und die soziale Wirksamkeit abstellt, verwenden kann und
verwenden sollte. Der Streit über die Radbruchsche Formel beginnt jedoch, sobald es um die Teilnehmerperspektive geht. Die Teilnehmerperspektive nimmt
ein, wer in einem Rechtssystem – etwa als Amtsträger, der Recht anzuwenden,
oder als Bürger, der es zu befolgen hat – fragt, was die nach diesem Rechtssystem richtige Antwort auf eine rechtliche Frage ist.

Der Streit darüber, ob eine äußerste moralische Grenze in den Begriff des
Rechts eingebaut werden sollte oder nicht, kann nicht allein aufgrund begriffli-
cher Argumente entschieden werden. Die Bedeutung des Ausdrucks „Recht"
schließt weder Radbruchs Formel aus noch deren Negation. Die Entscheidung
kann sich nur auf normative Gründe stützen. Das bedeutet, daß der Einschluß
ebenso wie der Ausschluß einer äußersten moralischen Grenze nicht auf eine
begriffliche, sondern nur auf eine normative Notwendigkeit gegründet werden
kann.

---

[141] H. L. A. Hart, Positivism and the Separation of Law and Morals, in: Harvard Law
Review 71 (1958), S. 615-621.

Es gibt gute Argumente für beide Positionen. Das Hauptargument der Positivisten ist das der Rechtssicherheit. Sie machen geltend, daß die Radbruchsche Formel zu einer verdeckten Rückwirkung führe, die im Strafrecht auf eine Verletzung des Grundsatzes *nulla poena sine lege* hinauslaufe. Die Radbruchsche Formel nehme Gesetzen eines Unrechtsregimes, die extremes Unrecht erlauben, die Geltung. Das sei unakzeptabel, denn der Grundsatz *nulla poena sine lege* schütze jedermann und damit selbst die Handlanger eines Unrechtsregimes, solange ihre Greueltaten nur vom positiven Recht dieses Systems gedeckt seien. Der Nichtpositivist kann dem entgegenhalten, daß die Rechtssicherheit und insbesondere der Grundsatz *nulla poena sine lege* zwar in der Tat hohe, aber nicht die einzigen hier einschlägigen Werte sind. Sie kollidieren mit der materiellen Gerechtigkeit, auf die die früheren und künftigen Opfer von Unrechtsregimen einen Anspruch haben. Das Problem ist letzthin nur durch Abwägung der im Spiele befindlichen Prinzipien zu lösen. In normalen Situationen muß dabei dem Prinzip *nulla poena sine lege* der Vorrang eingeräumt werden. In Fällen extremen Unrechts ist die Situation jedoch nicht so einfach. Es gibt gute Gründe dafür, dem Schutz der Rechte früherer und künftiger Opfer Vorrang vor dem Schutz derjenigen einzuräumen, die bei ihrer Verwicklung in die Maßnahmen eines Unrechtsregimes auf eine rechtliche Rechtfertigung ihrer Taten durch eine Positivierung von Unrecht vertraut haben.[143]

4. Das Begründungsproblem

Bei dem dritten Problem des Verhältnisses zwischen Recht und Moral geht es um die Frage, ob eine moralische Verpflichtung aller Adressaten des Rechtssystems existiert, dem Recht allein deshalb, weil es das Recht ist, also unabhängig von seinem Inhalt, Folge zu leisten. Das ist die Frage nach einer allgemeinen moralischen Pflicht zum Rechtsgehorsam.[144] Wenn eine solche allgemeine moralische Pflicht existiert, dann bietet die Moral eine Begründung des Rechts.

Zwischen dem Begründungs- oder, wie man auch sagen mag, dem Fundierungsproblem und dem Rechtspositivismus besteht ein gänzlich anderes Verhältnis als zwischen dem Rechtspositivismus und den Problemen des Einschlusses und der Begrenzung oder Limitation. Der Positivismus ist sowohl mit der Annahme einer allgemeinen moralischen Pflicht zum Rechtsgehorsam vereinbar

---

[142] G. Radbruch, Gesetzliches Unrecht und übergesetzliches Recht, in: Süddeutsche Juristen-Zeitung 1 (1946), S. 107.

[143] Vgl. dazu D. Dyzenhaus (Hg.), Recrafting the Rule of Law: The Limits of Legal Order, Oxford/Portland Oregon 1999.

[144] Vgl. J. Raz, The Authority of Law, Oxford 1979, S. 233-249.

als auch mit der vollständigen Ablehnung einer solchen Verpflichtung. Die erste
Version kann „moralischer Positivismus", die zweite „neutraler Positivismus"
genannt werden. Der moralische Positivismus ist die stärkste Form des Positivismus. Er verbindet die moralische Pflicht, selbst dem unmoralischsten Recht
zu gehorchen, mit der These, daß das Recht so unmoralisch wie möglich sein
kann, solange es seine soziale Wirksamkeit nicht verliert. Der neutrale Positivismus ist eine weitaus schwächere Form des Positivismus. Das Recht begründet
danach nur rechtliche Pflichten. Diese rechtlichen Pflichten müssen moralischen
Pflichten nicht widersprechen, aber sie können es. Neutrale Positivisten können
sogar sagen, daß im Fall des Konflikts die moralischen Pflichten Vorrang haben.
Sie bleiben Positivisten, solange sie sagen, daß der Vorrang einer moralischen
Pflicht als moralische Pflicht nicht die rechtliche Geltung der widersprechenden
rechtlichen Pflicht aufhebt. Die Lage eines Nichtpositivisten ist komplizierter.
Keinesfalls alle, aber doch einige Konflikte zwischen Recht und Moral sind für
ihn bereits gelöst, bevor die Frage einer moralischen Pflicht zum Rechtsgehorsam auftaucht. Der Fall des extremen Unrechts wird vom Nichtpositivismus
nicht als ein Fall des Konflikts zwischen geltendem Recht und der Moral begriffen, sondern als ein Beispiel für die Grenzen des Rechts. Deshalb gibt es vom
Standpunkt des Nichtpositivisten aus im Fall des extremen Unrechts keine Probleme mit einer allgemeinen Pflicht zum Rechtsgehorsam. Unterhalb der Schwelle
des extremen Unrechts ist das Problem einer generellen Pflicht zum Rechtsgehorsam allerdings für den Positivisten wie für den Nichtpositivisten dasselbe.
Der Nichtpositivismus vermag dies Problem zu mildern, nicht aber zu lösen.
Seine Lösung ist ein moralisches Problem.

Die allgemeinsten Gründe für eine allgemeine Pflicht zum Rechtsgehorsam
sind die Werte der friedlichen Konfliktlösung und der sozialen Kooperation.
Keiner von ihnen kann ohne das Recht realisiert werden, und beide sollten realisiert werden, weil Rechte in Gefahr sind, wenn soziale Konflikte durch nackte
Gewalt gelöst werden, und allgemeine Wohlfahrt und Glückseligkeit ohne soziale Kooperation nicht möglich sind. Das ist das klassische Argument für eine allgemeine Pflicht zum Rechtsgehorsam, wie es sich – was den Schutz der Rechte
betrifft – bei Kant findet.[145]

Es gibt zwei Arten von Einwänden gegen eine allgemeine moralische Pflicht
zum Rechtsgehorsam. Die der ersten Art versuchen, die Gründe für eine solche
Pflicht aufzuheben, die der zweiten, sie zurückzudrängen. Der aufhebende Ein-
wand macht geltend, daß es Fälle gibt, in denen die Nichtbefolgung des Rechts

---

[145] I. Kant, Die Metaphysik der Sitten, in: Kant's gesammelte Schriften, hg. v. der Königlich
Preußischen Akademie der Wissenschaften, Bd. 6, Berlin 1907, S. 312.

die Werte der friedlichen Konfliktlösung und sozialen Kooperation überhaupt nicht beeinträchtigt – oder doch nur so minimal, daß dies vernachlässigt werden kann. Zwei häufig angeführte Beispiele sind das Überfahren einer roten Ampel spätnachts in einer verlassenen Gegend, in der niemand ist, der es bemerken könnte, und das kleine Steuervergehen, das niemand jemals entdecken wird. Wenn es als gesichert angesehen werden kann, daß in diesen Fällen niemand die Verstöße bemerken wird, dann wird kein schlechtes Beispiel gegeben, das die allgemeine Bereitschaft, das Recht zu befolgen, und dadurch die soziale Wirksamkeit des Rechts gefährden könnte. Was dies betrifft, so befinden sich die beiden Fälle in der Tat auf einer Ebene. Es gibt jedoch eine grundlegende Differenz. Wenn die Bedingungen des Verkehrsfalls erfüllt sind – keine Gefahr und kein Beobachter –, dann ist dieser Fall in der Tat ein Fall, in dem die Verletzung des Rechts keine negativen Konsequenzen hat. Die Entscheidung hängt dann von der Lösung eines allgemeinen Problems der Moralphilosophie ab, nämlich davon, ob Handlungen oder Regeln die eigentlichen Gegenstände der moralischen Beurteilung sind. Das ist der Kern der Debatte zwischen dem Akt- und dem Regelutilitarismus.[146] Wenn man dem Aktutilitarismus folgt, dann wird die allgemeine Pflicht zum Rechtsgehorsam in Fällen wie dem der roten Ampel aufgehoben. Die praktische Bedeutung dieser Lösung ist allerdings gering, denn Situationen, in denen man sich völlig sicher sein kann, daß die beiden Bedingungen – keine Gefahr und kein Beobachter – erfüllt sind, sind selten.

Während es möglich ist, die allgemeine Pflicht zum Rechtsgehorsam im Ampelfall als aufgehoben anzusehen, ist dies im Steuerfall unmöglich. Selbst wenn es nur um einen kleinen Geldbetrag geht, ist klar, daß der Verstoß die allgemeine öffentliche Finanzlage negativ beeinflußt. Dem Vorteil auf der Seite des gegen das Recht Verstoßenden entspricht ein Nachteil auf der Seite der Gemeinschaft. Einen Vorteil daraus zu ziehen, daß man nicht zu einem gemeinsamen Unternehmen beiträgt, während die anderen ihren Beitrag leisten ist – zumindest *prima facie* – unfair. Im Steuerfall wird die moralische Pflicht zum Rechtsgehorsam daher nicht aufgehoben, selbst wenn die allgemeine Bereitschaft zur Rechtsbefolgung nicht gefährdet wird, weil niemand irgend etwas von dem Verstoß weiß.

Das Problem des schlechten Beispiels muß von dem Problem unterschieden werden, ob es eine moralische Pflicht gibt, unmoralischem Recht zu gehorchen. Hier geht es um die Frage der Zurückdrängung der allgemeinen Pflicht zum Rechtsgehorsam. Dies Problem ist wesentlich ein Problem der Abwägung zwischen Rechtssicherheit und moralischer Richtigkeit. Nur diejenigen, die dem

[146] Vgl. dazu J. Rawls, Two Concepts of Rules, in: The Philosophical Review 64 (1955), S. 3-32.

moralischen Wert der Rechtssicherheit einen absoluten Vorrang geben, werden es niemals zulassen, daß die allgemeine moralische Pflicht zum Rechtsgehorsam durch moralische Gründe zurückgedrängt wird. Alle anderen haben schwierige moralische Dilemmata Fall für Fall zu lösen. Auch für sie besteht eine allgemeine Pflicht zum Rechtsgehorsam, aber diese Pflicht ist nicht unwiderlegbar. Das gilt nicht nur für Positivisten, die mit einem unbegrenzten Rechtsbegriff in die Abwägung gehen, sondern auch für Nichtpositivisten, die mit ihrer Klausel vom extremen Unrecht zwar die drängendsten, aber keinesfalls alle moralischen Dilemmata lösen können, die sich im Recht stellen.

Eilert Herms

LEBEN

Wahrnehmen, Verstehen, Gestalten

Eingeladen zu sein* – das zählt gewiß zu den angenehmen Dingen des Lebens. Und es hat wie alle wirklich angenehmen Dinge die Eigenschaft, sich uns als Repräsentant und Zeuge der allgemeinen Wahrheit zu imponieren, daß es überhaupt: eine Lust ist zu leben. Diese Volksweisheit konvergiert mit philosophischer Einsicht. Denn in seiner Nikomachíschen Ethik konstatiert schon Aristoteles: „τὸ δ᾽ αἰσθάνεσθαι ὅτι ζῆ τῶν ἡδέων καθ᾽ αὑτό"[147], deutsch: „Zu fühlen, daß man lebt, ist angenehm".

Ich möchte mich darauf beschränken, das zitierte philosophische Echo menschlicher Lebenserfahrung noch einmal zu exegesieren, nicht historisch-philologisch, sondern der Sache nach, indem ich erstens nachzeichne, was „Aisthesis" des Lebens ist, zweitens, daß sie als Aisthesis zum Verstehen wird, und zwar zu einem Verstehen welches seinerseits gar nicht anders kann, als sich in zwei Richtungen gleichzeitig zu entfalten: einerseits ins forschende Erkennen und andererseits ins erkenntnisgestützte Gestalten des Lebens, wovon in einem dritten Teil gehandelt werden soll. Abschließend kann dann ein kurzer Blick auf die zeitgenössische ethische Debatte zum Thema „Leben" fallen.

1. Wahrnehmen des Lebens

„Αἰσθάνεσθαι ὅτι ζῆ", wird wiedergegeben entweder durch „Fühlen"[148] oder durch „Wahrnehmen, daß man lebt"[149]. Das Griechische umfaßt mit dem einen Ausdruck eben beides und verweist damit auf die Tatsache, daß Fühlen und Wahrnehmen zusammengehören, zwar zu unterscheiden sind aber nicht zu trennen. Besinnen wir uns also zunächst hierauf (1) und betrachten wir dann die

---

[147] Nik. Eth. IX, 9 1170 b1.
[148] So z.B. in HWP V 55.
[149] So P. Gohlke: Aristoteles. Die Lehrschriften, herausgegeben, übertragen und in ihrer Entstehung erläutert von Dr. Paul Gohlke, 1956, 258.

hier besonders interessierende res solchen Wahrnehmens: das wahrgenommene „Leben" (2).

1. Zu unterscheiden sind Fühlen und Wahrnehmen, sofern letzteres ein Zusammenhang von Akten ist, Fühlen hingegen ein Vorgang[150], den wir bloß erleiden, vor allen eigenen Akten des Verstehens – und zwar erleiden als deren Grund und Gegenstand. *Daß* alle möglichen Verstehensaktivitäten unsererseits, nicht a se sind, sondern auf einem solchen Erleiden fußen, das ist nicht erfolgreich zu bestreiten, vielmehr jedem von uns vertraut. Lediglich auf die Eigenart dieses Erleidens müssen wir uns einen Augenblick besinnen. Es ist nämlich Grund und Gegenstand all unserer Verstehensakte. Und dies, weil es ein Erschließungsvorgang ist, für dessen Inhalt und Geschehensform folgendes gilt.

Inhaltlich schafft dies Geschehen das für-uns-Erschlossensein (das für-uns-Präsentsein) aller von uns zu verstehenden Sachverhalte *als* solcher – also eben *als* von uns zu verstehender. Es ist das Erscheinungsgeschehen, durch das wir das Dasein aller von uns zu verstehenden Phänomene erleiden. Dieses Phänomenganze hat ein eine komplexe relationale Form, durch die uns unsere eigene, von uns selbst verantwortlich zu vollziehende Verstehensaktivität ermöglicht ist, und es hat eine ebenso komplexe relationale Materie, die uns diese eigene Verstehensaktivität unabweisbar zumutet.

Die Relationalität der Form des uns erschlossenen Phänomenganzen resultiert daraus, daß uns das von uns zu verstehende Phänomenganze *als* solches erschlossen ist, und d.h. *als* ein bestimmter besonderer Fall im Horizont der Bedingungen, unter denen alles mögliche Vergangene und Zukünftige gleicher Art steht. Erschlossen und präsent ist uns beides zugleich: das Bestimmte *und* die dauernden Bedingungen, die den Möglichkeitsraum von allem Gleichartigen ausmachen. Und erschlossen ist uns damit auch die wechselseitige Bezogenheit beider auf einander: das Einzelne als Repräsentant eines bestimmten – nämlich *seines* – Möglichkeitsraums und dieser manifest am einzelnen. Kraft dieser uns erschlossenen Bezogenheit vermögen wir das einzelne zu verstehen: wir *können* umgehen mit seiner vorgegebenen Eigenart als diesem besonderen Fall des Allgemeinen.

Dies ist uns jedoch auch *unabweisbar zugemutet.* Denn was uns materialiter erschlossen ist, das ist das Ganze von Sachverhalten, das jetzt von uns aktiv zu verstehen ist. Diese Sachverhalte aber sind

– erstens unter einander verschieden und auf einander bezogen;

---

[150] In der Theologie und Philosophie bereits seit langem. Vgl. vor allem den Hinweis auf das Gefühl als Grundschicht des Erkennens in F.H. Jacobis einflussreicher Schrift: David

– zweitens ist ihr Gefüge (man könnte auch sagen System) bezogen auf diejenige Instanz, von der es jetzt aktiv zu verstehen ist, eben auf je mich (außerhalb dieser Bezogenheit ist weder das Gefüge noch irgendeins seiner Elemente präsent); und

– drittens bin damit je ich selbst mir selber erschlossen eben *in* dieser meiner Bezogenheit auf alle von mir aktiv zu verstehenden Sachverhalte und damit *in* meinem Genötigtsein zum aktiven Verstehen jenes Sachverhaltsganzen.

Soviel zum Ausdruck „Fühlen" als Bezeichnung für das jedem eigenen Verstehensakt vorausliegende Erlittensein der Erschlossenheit meines eigenen leibhaften Daseins als Grund und Gegenstand meines aktiven Verstehens[151].

Offenbar könnten wir dasselbe auch mit dem Ausdruck „Erleben" bezeichnen[152], nicht jedoch ohne weiteres mit dem Ausdruck „Empfinden". Jedenfalls dann nicht, wenn „Empfindung" ein Gereizt- und Bestimmtsein unserer Sinnesorgane bezeichnet, die mit ihrer intra-[153] und extrakorporalen Umwelt in kausal mechanischer Wechselwirkung stehen, etwa eine Geschmacksempfindung, eine Lichtempfindung, eine Schmerzempfindung. Denn dieses Gereiztsein ist nicht ipso facto und per se schon das für uns Erschlossensein der gegenwärtigen Situation als einer von uns verantwortlich zu verstehenden[154]. Sondern das ist sie nur, sofern wir sie auch *als* sinnlich so oder so bestimmte *erleben*. Zwar kennen wir und unseresgleichen keine Empfindungen, die nicht zugleich schon erlebt würde. Dennoch unterscheiden wir zwischen beidem praktisch: wir *reagieren* schon auf Empfindungen, aber *handeln* verantwortlich erst aufgrund von Erlebtem. Soweit das Erleiden von Erschlossenheit, das wir „Fühlen" nennen.

Wir sehen nun auch seinen Zusammenhang mit dem „Wahrnehmen". Denn kraft des Erschlossenseins unserer gegenwärtigen Situation für uns als einer solchen, die von uns aktiv zu verstehen ist, sind wir der unabweisbaren Zumutung ausgesetzt, sie nun auch selbst zu nehmen – zu ergreifen – in ihrer uns erschlossenen Eigenart, eben als das, als was sie uns in Wahrheit von sich aus präsent

---

Hume über den Glauben, oder Idealismus und Realismus (1787), jetzt in: F.H. Jacobi, Werke, hg. v. F. Roth und Friedrich Köppen, 6 Bde., 1815ff., Bd. II, 2-323.

[151] Der Vorgang ist also rein passional und in diesem – nur in diesem – Sinne „unmittelbar". Darauf nimmt Schleiermachers Rede vom „unmittelbaren Selbstbewußtsein" Bezug (Glaubenslehre[2] § 3).

[152] Schleiermacher spricht von „unmittelbarem Selbstbewußtsein" (Glaubenslehre[2] § 3).

[153] Musterbeispiel: die intracerebrale Wechselwirkung.

[154] Das deckt sich mit dem Befund der modernen Hirnforschung, dass nur ein Ausschnitt der tatsächlichen Reizungen unseres Nervensystems überhaupt die notwendige Bedingung dafür erfüllen, bewusst erlebt werden zu können. Diese notwendige Bedingung ist, in eine Erregung des assoziativen Cortex umgesetzt zu werden; das meiste verbleibt in den inneren Regionen des Gehirns, und das heißt: Es bleibt – und wirkt – unbewusst. Vgl. G. Roth, Fühlen, Denken, Handeln. Wie das Gehirn unser Verhalten steuert, 2001, 217ff.

und aufgegeben ist. Der eigene Griff, der das uns Erschlossene in seiner uns erschlossenen Eigenbewandtnis nimmt, es also „wahrnimmt", ist mit dem Fühlen
so unvermeidlich verbunden, daß wir oft auf die Unterscheidung verzichten.
Dennoch bleibt dieser Unterschied. Denn das Wahrnehmen kann unbeschadet
seiner Unvermeidlichkeit nie etwas anderes sein als verantwortlich vollzogener
eigener Akt. Ein Akt, den wir willig oder widerstrebend vollziehen, den wir zu
verweigern trachten können[155], und dem, wenn wir ihn denn vollziehen keineswegs garantiert ist, daß er auf Anhieb gelingt. Vielmehr ist es die Regel, daß wir
erst nach wiederholtem Zugreifen wirklich die Komplexität dessen in den Griff
bekommen, was das Erschlossene in Wahrheit von sich aus ist, nachdem zuvor
weniger, zuviel oder überhaupt daneben gegriffen wurde. Zum Schluß dieser
Eingangsbesinnung noch zwei wichtige Hinweise:

Erstens: Unser Fühlen und Erleben vollzieht sich nicht punktuell, sondern als
dauerndes Kontinuum Folglich wird unser aktives Wahrnehmen samt seinen
Affekten nicht nur vom Fühlen und Erleben ermöglicht und verlangt, sondern
auch selbst wiederum gefühlt und erlebt. Wir werden der Angemessenheit oder
Unangemessenheit unserer wahrnehmenden Griffe durch Erleben inne, und e-
ben dies treibt uns zur dauernden Korrektur und Verbesserung unserer Wahr-
nehmungs- und Verstehensaktivität an.

Zweitens: Offenbar gibt es verschiedene Weisen des Wahrnehmens, die sich
gegenseitig bedingen, nämlich grundlegend zwei. Zunächst das ganzheitlich
praktische Umgehen mit erschlossenen leibhaften Situationen, etwa: das ganz-
heitlich-praktische Greifen nach einer dargebotenen Frucht. Dann aber auch das
Verarbeiten des Erlebnisses eben dieses ganzheitlichen Griffs nach der leibhaften
Gesamtsituation zu einem Erinnerungssymbol[156]. Dies Symbolisieren[157] ist aber
nicht Rückzug aus dem ganzheitlich-praktischen Aneignen des Präsenten. Vielmehr ist es selbst nur eine spezifische Variation solchen Aneignens[158] und führt
auch seinerseits wiederum nur dazu, daß dieses praktische Aneignen sich nun
auf die Ergebnisse des Symbolisierens stützt und umgekehrt seinerseits die ex-

---

[155] Wir verweigern den annehmenden Griff nach dem Erschlossenen. Eben das ist aber
auch schon eine aktive Behandlung des Erschlossenen. Nämlich die Behandlung des uns erlebnismäßig zu eigen gewordenen als nicht zu uns gehörig. Dies ist der Ursprung aller „Ver-
drängung".

[156] Vgl. dazu E. Husserl, Erfahrung und Urteil, 1954; ders., Analysen zur passiven Synthe-
sis, Husserliana XI, 1966; neuerdings Lucas-Preisträger.

[157] Ich folge hier der Terminologie Schleiermachers.

[158] Nämlich diejenige, die ihren Effekt minimalisiert, indem sie einen eigenen Eingriff in die
leibhafte System-Umweltbeziehung vermeidet und sich darauf beschränkt, lediglich innerhalb des Systems ein Zeichen zu setzen für das erlebte eigene Greifen nach der Gesamtsituation *und* dessen ebenfalls erlebten Effekt.

perientielle Basis zur Fortsetzung einer korrigierenden, optimierenden, erweiternden Symbolbildung wird. So kommt es dann zur Spirale kontinuierlicher Meliorisierung zwischen Theorie und Praxis.

Bevor wir uns diesem Wechselspiel zuwenden, betrachten wir die Eigenart dessen, *was* uns im vorliegenden Kontext als das Wahrzunehmende interessiert: dasjenige Phänomen, das wir „Leben" nennen.

2. Wie all unsere Begriffe (Konzepte) ist auch dieser das Resultat eines Zusammenspiels symbolbildender und praktisch-aneignender Aktivität, und zwar eines langen, Jahrtausende alten, mit der Folge, daß der Begriff einen fast einzigartig komplexen Bedeutungsreichtum gewonnen hat. Es fragt sich zunächst: ob ausgewählt, bzw. durch Definitionen Klarheit und Ordnung geschaffen werden kann, oder bilden zumindest einige von ihnen einen einheitlichen Sachzusammenhang? Und dann: Was für eine Art von Geschehen ist es, das heute in den Lebenswissenschaften („life-sciences") unter dem Titel „Leben" erforscht wird – und ggf.: wie steht es im Gesamtzusammenhang der Geschehensweisen, den der Ausdruck „Leben" bezeichnet[159]?

Die Erforschung der Geschichte des Begriffs „Leben" ist immerhin soweit fortgeschritten, daß man wenigstens eine Ahnung von ihrem Reichtum, und zwar nicht nur von ihren Divergenzen, sondern auch von gewissen Kontinuitätslinien gewinnen kann.[160] In allen aus der Begriffsgeschichte bekannten Fällen bezeichnet der Ausdruck „Leben" einen spezifischen, innerkosmisch ausdifferenzierten Prozeß des Werdens[161], nämlich des Werdens von unterschiedlichen generativen Ordnungen von Organismen, die beide – also sowohl die generativen Ordnungen als auch die Organismen[162]) selber – unter der Bedingung stehen, sich selbst als Individuen für eine bestimmte (eben durch ihre Bedingungen begrenzte) Dauer im kontinuierlichen Wandel der Gegenwart zu erhalten. Inhaltlich sind für diese Sicht von Leben[163] die folgenden 6 Momente wesentlich[164]:

[159] Zu dieser zweiten Frage siehe unten Teil II dieses Aufsatzes.

[160] Vgl. zum Beispiel P. Hadot/H. Hübner/J. Vennebusch/R. Piepmeier/U. Dierse/K. Rothe/R. Toellner, Art. „Leben" im HWP V 52-103.

[161] Die biblische und theologische Rede von der „Lebendigkeit" und vom „Leben" Gottes des Schöpfers bleibt hier und im folgenden unberücksichtigt. Es geht nur um die phänomenalen Grundzüge geschaffenen Lebens. Ob und in welchem Sinne man auch von schöpferischem Leben sprechen kann, muss einer gesonderten Untersuchung vorbehalten bleiben. Die übergeordnete Kategorie scheint mir einstweilen die Kategorie des „Proedirens" zu sein.

[162] Ganzheitlich: durch praxisgestütztes Symbolisieren und symbolgestützte Praxis.

[163] Ohne Anführungszeichen verwendet bezeichnet der Ausdruck „Leben" immer das Phänomen, welches durch den Ausdruck „Leben" (stets so – durch Setzung in Anführungszeichen – bezeichnet) bezeichnet wird.

[164] Beachte: Diese Momente sind im Phänomen Leben kopräsent, sie treten nicht getrennt voneinander auf und nicht additiv zusammen. Ihre gesonderte Beschreibung verdankt sich

Erstens: Leben wird gesichtet als *Prozeß*, als eine Genesis, als ein Werden. Es teilt die Weise allen Prozedierens. Dieses geschieht so, daß in der Bezogenheit einer verwirklichten Basis auf den Inbegriff ihrer jetzt zur selektiven, wählenden Verwirklichung anstehenden Möglichkeiten kontinuierlich je *eine* wählend verwirklicht, d.h. auf die Seite der Basis umgesetzt wird. Diese selektive Bezogenheit ist das, was wir überhaupt Gegenwart nennen. Gegenwart ist Sein im Werden, Sein einer Basis im Übergang zu wachsender Bestimmtheit durch Auswahl aus ihren jeweils jetzt zur Wahl anstehenden Möglichkeiten[165].

Zweitens: Leben wird zugleich gesichtet als *bestimmter Prozeß*. Das heißt: Es wird gesichtet als Übergang einer *schon vor diesem Übergehen bestimmten* Basis zu neuer Bestimmtheit kraft verwirklichender Wahl aus dem *schon vor dem Übergehen bestimmten* Inbegriff ihrer zur Wahl anstehenden Möglichkeiten nach einer *schon vor diesem Übergehen bestimmten* Regel. Diese Bestimmtheit des Prozesses, ergibt sich nicht aus dem Übergehen, als das er sich vollzieht, sondern sie bestimmt dieses Übergehen durch die allen möglichen Übergängen vorgegebene und sie alle überdauernde Bestimmtheit der Prozeßbasis, des Inbegriffs ihrer zur Wahl anstehenden Möglichkeiten und der Regel des selektiven Übergangs. Und jedenfalls legt diese Bestimmtheit – die den Prozeß definiert und nicht aus ihm stammt – seinen terminus a quo fest, seinen terminus ad quem und die von jenem bis zu diesem dauernde Weise seines Prozedierens.

Drittens wird Leben zugleich gesichtet als ein bestimmter *innerkosmischer Prozeß*. Der „Leben" genannte Prozeß besitzt seine Bestimmtheit innerhalb eines anderen Prozesses, der ebenfalls bestimmt ist und dessen Bestimmtheit den Lebensprozeß in seiner Bestimmtheit bedingt. Die Bestimmtheit des Lebensprozesses – seine Basis und sein zur Wahl anstehendes Potential, sein terminus a quo, sein terminus ad quem und die zwischen beiden konstante Weise seines Übergehens – unterfällt also allen Bedingungen, die in der Bestimmtheit des kosmischen Prozesses eingeschlossen sind. Im Blick auf unsere Welt heißt das: Er ist bedingt durch die Bestimmtheit des physischen und des chemischen Geschehens. Aber er geht nicht in diesem Geschehen auf, sondern er hebt sich innerhalb seiner durch eine eigentümliche Bestimmtheit ab.

Viertens wird also zugleich auch diese *Eigentümlichkeit* des Lebensprozesses gesichtet. Leben zeigt sich als derjenige innerkosmische Prozeß, welcher sich als intergenerative Ordnung von Organismen vollzieht. Konstitutiv für die Eigenart

---

lediglich der unterscheidenden Hinsichtnahme auf sie als in ihrer phänomenalen Kopräsenz unterschiedene.

[165] Der Ausdruck „Sein im Werden" kann zweierlei bezeichnen: ein Sein, innerhalb dessen Werden stattfindet, und ein Sein, das selber aus einem Werden hervorgeht und innerhalb seiner dauert. Im vorstehenden Satz ist der Ausdruck in der ersten Bedeutung verwendet.

dieser Prozeßgestalt, die „Leben" genannt wird, ist ihre Basis – Organismen[166], von denen jeder (ich folge hier der Strukturbeschreibung, die L. v. Bertalanffy vorgelegt hat[167]) ein individueller Leistungszusammenhang offener Systeme ist, der sich im Wechsel seiner Elemente erhält. Weil – wie gezeigt – mit der Entscheidung über die Bestimmtheit eines Prozeßmomentes (Basis, Potential, Übergangsregel) jeweils zugleich über die beiden anderen Momente und damit über die Bestimmtheit des Prozedierens im ganzen entschieden ist, ist mit der gegebenen Beschreibung der Basis des Lebensprozesses zugleich auch dessen eigenartige Gesamtbestimmtheit im Blick. Diese besteht darin, daß für die Basis des Lebensprozesses, also für die Organismen, die Notwendigkeit besteht, innerhalb der vorgegebenen und dauernden Bestimmtheit des Lebensprozesses in irgendeinem Umfang die Bedingungen ihres Werdens von sich aus zu variieren, oder innerhalb der vorgegebenen Bestimmtheit des Lebensprozesses irgendeine Selbststeuerungsleistung erbringen zu müssen[168]. Diese besondere Bestimmtheit des Lebensprozesses als eines innerkosmischen Prozesses hält die Bestimmtheit aller innerkosmischen Prozesse fest, prägt aber eine Eigentümlichkeit aller kosmischen Prozesse besonders deutlich aus: ihre *Dreidimensionalität*. Innerkosmisches – hier lebendiges – Prozedieren ist stets zugleich *inner*systemisch (hier: innerorganismisches Prozedieren, d.h. Prozedieren des wechselseitigen Leistungszusammenhangs der offenen Systeme innerhalb der Organismus), *inter*systemisch (hier: interorganismisches Prozedieren, d.h. prozessuale Erbringung der generativen Leistungen des Zusammenlebens der Organismen) und *inner*kosmisch. Diese drei Dimensionen des Lebensprozesses sind gleichursprünglich, irreduzibel und bedingen sich daher wechselseitig, wenn auch auf asymmetrische Weise.[169] Soweit die Eigenart des innerkomischen Lebensprozesses. In dieser präsentiert er sich nicht nur als eine Einheit, sondern zugleich als in sich selbst differenziert. So gilt:

Fünftens: Leben wird gesichtet als Zusammenhang gestufter Prozeßgestalten. Die Stufen sind so unterschieden, daß jede folgende Stufe die Bestimmtheit der vorangegangenen festhält – sie unterliegt deren Bedingungen, weist aber dar-

---

[166] Der Plural ist ursprünglich.
[167] L. von Bertalanffy, Das biologische Weltbild, 1949, I, 124.
[168] Auch Selbstdestruktion von Mechanismen verändert nicht die Bestimmtheit des Prozesses, in dem sie leben, sondern aktualisiert eine schon in dieser Bestimmtheit vorgegebene Möglichkeit.
[169] Im Blick auf den Lebensprozeß heißt das: Ohne innerorganismisches Prozedieren kein Prozedieren der interorganismischen generativen Gemeinschaft und umgekehrt; aber auch ohne dieses Zusammenspiel von innerorganismischem und interorganismischem Prozedieren kein Prozeß des Verhältnisses zwischen ihm und dem kosmischen Geschehen und umgekehrt.

über hinaus zusätzliche Bestimmtheiten auf, denen alle Prozeßarten derselben Stufe unterliegen. Innerhalb des kosmischen Geschehens im ganzen hebt sich das Leben ab als eine besondere Geschehensweise durch seine Basis, die Organismen. Und ebenso heben sich innerhalb des Lebens dessen Stufen wiederum durch die Eigenart ihrer Basis von einander ab: pflanzliche Organismen, tierische Organismen.

In jedem Fall handelt es sich dabei um Organismen. Aber diese unterscheiden sich voneinander durch ihr Bestimmtsein zu Selbststeuerungsleistungen von jeweils unterschiedlichem Umfang[170] und unterschiedlicher Art: Dieser zuletzt genannte Unterschied betrifft also die Leistung der den Organismen aufgenötigten Selbststeuerung.

Das sind entweder Entscheidungen

– *nur* über verschiedene jeweils jetzt gleichmögliche Wahlinhalte, jedoch

– nicht über eigene Potentiale, sondern nur aus Potentialen, die als nicht übersteigbar vorgegeben sind, und

– *nicht* über verschiedene Modi der Realisierung des Möglichen, sondern nur nach vorgegebenen Realisierungsmodi; und schließlich auch

– *nicht* über Verfahren des eigenen Entscheidens zwischen den jetzt zu wählenden eigenen Möglichkeiten, sondern nur nach vorgegebenen Entscheidungsverfahren. – Dies ist die Art des vegetativen und animalischen Lebensprozesses.[171]

Oder die den Organismen aufgenötigte Selbststeuerungsleistungen sind Entscheidungen jeweils

– über Möglichkeiten ihres eigenen Urheberseins von Entscheidungen; und damit auch stets Entscheidungen

– *über das*, was jetzt aus der Fülle des jetzt zur Wahl anstehenden gewählt wird, aber darin – direkt oder indirekt – stets

– *zugleich* über verschiedene eigene Potentiale, unterschiedliche – und auch steigerbare (!) – Möglichkeiten des eigenen Könnens, die zu steigern sind; dabei weiterhin

– *zugleich* über variierbare Realisierungsmodi und schließlich stets auch

– *zugleich* über variierbare Entscheidungsverfahren.

Diese zuletzt skizzierte Art von Selbststeuerungsleistungen – d.h. die Urheberschaft von Wahlen aus eigenen Möglichkeiten des Urheberseins von Wahlen – eignet nur demjenigen Lebensprozeß, der kraft seiner Bestimmtheit (und zwar

---

[170] Dieser Umfang der aufgenötigten Selbststeuerungsleistung schließt die Fähigkeit und Unvermeidlichkeit von irgendwie selbstgesteuerter Lokomotion ein.

kraft gleichursprünglicher Bestimmtheit seiner Basis, seines Potentials und seines Übergangsmodus) als ganzer der Lebensprozeß leibhafter (innerkosmischer) Personen ist, in dem je ich mich samt allen möglichen Individuen meinesgleichen finde. Dabei ist festzuhalten, was hier der Ausdruck „meinesgleichen" meint. Er meint alle diejenigen einzelnen Organismen, die ich der spezifischen Bestimmtheit – und das heißt denjenigen unverwechselbaren Werdebedingungen – unterworfen finde, die den Gesamtprozeß des menschlichen Lebens in seiner Eigenart, und das heißt in seinem Verhältnis zu allen anderen Weisen innerkosmischen Prozedierens, konstituieren. Diesen Werdebedingungen finde ich mich samt allen anderen meinesgleichen unterschiedslos unterworfen, weil erst sie den einheitlichen Möglichkeitsraum ausmachen, innerhalb dessen alle möglichen Unterschiede zwischen Menschen stattfinden und innerhalb dessen alle Einzelnen nur Variationen desselben sind. Die Tatsache, daß jedes Individuum in diesem Möglichkeitsraum nur als von allen anderen nicht bloß numerisch, sondern qualitativ unterschiedenes existiert, beseitigt nicht diese Identität der Werdebedingungen, sondern fußt auf ihnen, weil erst sie die Differenz ermöglichen und verlangen. Diese Gleichursprünglichkeit von Gattungsidentität und Individualität ist ein Befund, dem sein angemessenes Verstehen standzuhalten hat.

Was das für Konsequenzen hat, werden wir gleich sehen, wenn wir vom Thema „Wahrnehmen des Lebens" zum Thema „Verstehen des Lebens" weitergehen. Vorher verlangt aber das erste Thema noch eine abschließende Besinnung darauf, wie sich der wahrgenommene Befund, den wir mit der Tradition als „Leben" zur Sprache gebracht haben, zu der Weise seines Gefundenwerdens verhält, die wir sprachlich als „Aesthesis" des Lebens, als Fühlen und Wahrnehmen des Lebens bezeichnen.

3. Hier ist der im Blick auf die vorstehend festgehaltenen Befunde zunächst ins Auge fallende und vor allem festzuhaltende Sachverhalt folgender:

Offenbar ist mein eigenes – d.h. mein mir als mein von mir selbst wahrzunehmen erschlossenes (dadurch vorgegebenes) und von mir aufgrund dessen und daraufhin auch alsbald so oder so wahrgenommenes – Personleben (wie soeben beschrieben) der Inbegriff aller Bedingungen, unter denen mir und meinesgleichen alles was überhaupt Leben heißen kann als von mir angemessen oder unangemessen wahrzunehmen vorgegeben ist. – Nur unter den Bedingungen meines – mir selbst als dieses erschlossenen leibhaften Personlebens ist mir überhaupt etwas, und also auch alles, was immer Leben ist und „Leben" genannt werden kann, als von mir wahrzunehmen und damit

---

[171] Der jeweils die innerhalb seiner gegebenen anderen Lebensprozesse – niederer und/oder höherer Stufe; und auch diejenigen anderer Arten – miteinschließt.

auch wissenschaftlich zu verstehen gegeben. Und nur im Horizont der Bestimmtheit meines mir erschlossenen – mir als von mir wahrzunehmen und zu verstehen (also auch wissenschaftlich zu erforschen) vorgegebenen – leibhaften Personlebens ist mir die Bestimmtheit aller anderen Weisen von Leben als von mir und meinesgleichen wahrzunehmende, zu verstehende und auch wissenschaftlich zu erforschende gegeben. Also auch immer nur in Relation auf die vorgegebene Bestimmtheit meines Personlebens (als individuelle Manifestation des menschlichen Personlebens überhaupt):[172] Nur in Relation zu menschlichem Personleben läßt sich alles andere Leben hinsichtlich seiner spezifischen Selbststeuerungsleistung beschreiben, und zwar als eine solche, die in toto hinter der dem menschlichen Personleben aufgenötigten Selbststeuerungsleistung zurückbleibt und zwischen den praepersonalen Weisen von Leben Umfangsstufen aufweist.

Daß die Dinge in Wahrheit so liegen, kann man sich klar machen, indem man folgendes in Betracht zieht:

Was zunächst mein von mir wahrgenommenes eigenes Leben betrifft, so finde ich es in seiner unverwechselbaren Individualität eingebettet in den Prozeß, der das Leben aller Menschen umfaßt, und denjenigen identischen Bedingungen unterworfen, die in der Bestimmtheit dieses Prozesses beschlossen sind, die sich ihrerseits innerhalb der Bestimmtheit des tierischen und des vegetativen Lebens findet, also auch allen in der Bestimmtheit dieser Lebensprozesse eingeschlossenen Bedingungen unterworfen. Die Spezifika des Personlebens – das für es konstitutive Bestimmtsein zur Selbstbestimmung im Medium von Selbstgefühl, Selbstwahrnehmung, Selbstverstehen und Selbstgestaltung – gehören *in* das Ganze dieses Prozeßgefüges hinein. Die aus der europäischen Antike stammende und heute gerade von Seiten der Naturwissenschaft erneut artikulierte Perspektive auf die Einheit des Wissens[173] ist nicht einfach eine archaische Illusion oder eine moderne Hypertrophie, sondern hat durchaus Anhalt an der Natur der Sache.

Freilich gehört dann zu dieser Einheit und Universalität des wahrgenommenen wirklichen Lebens auch eine entsprechende Reichweite der beschriebenen Weise seines Wahrnehmens. Es gibt kein Verstehen und Gestalten von Leben, das sich nicht auf die oben beschriebene Aesthesis und den sie ausmachenden asymmetrischen Konstitutionszusammenhang von Erleben und Wahrnehmen

---

[172] Nur in dieser Relation ist mir und meinesgleichen alles nichtmenschliche Leben als durch mich erkennbar gegeben. Und auch nur in dieser Relation ist es von mir und meinesgleichen erkennbar und erkannt (gewusst) als „älter" als ich und meinesgleichen (also als älter als die menschliche Gattung).

[173] Vgl. E.O. Wilson, Die Einheit der Wissenschaft, Berlin, 1998.

stützt und der deshalb nicht auch seinerseits eingebettet und bedingt wäre durch den Gesamtzusammenhang all unseres lebensweltlichen Verstehens und Gestaltens. Das gilt auch für das wissenschaftliche Verstehen des Lebens und für die auf die Ergebnisse der Wissenschaft gestützte technische Gestaltung des Lebens. Dazu jetzt die beiden folgenden – jeweils wesentlich kürzeren – Teile dieser Vorlesung.

2. Verstehen des Lebens als wissenschaftliches Erkennen des Lebens

Wir hatten gesehen, daß „Wahrnehmen" der elementare Verstehensakt ist, mit dem wir auf die erlittene Gegenwart von etwas für uns als von uns zu verstehen reagieren. Der unabweisbaren Zumutung, die im Erleiden des Erschlossenseins von etwas für uns als von uns zu verstehen steckt, folgen wir durch Wahrnehmen: d.h. dadurch, daß wir die Situation, die wir als in ihrer Eigenart von uns zu verstehende erleben, ergreifen und durch diesen Griff mit ihr umgehen.

1. Dieses Wahrnehmen besitzt zwei Züge, die wir in unserer gesamten darauf aufbauenden Verstehensaktivität nicht hinter uns lassen können. Es steht unter der Alternative, angemessen zu sein oder nicht (1.1.), und es bleibt leibhaft ganzheitlich (1.2.).

1.1 Zunächst einige Bemerkungen zur Alternative zwischen Angemessenheit und Unangemessenheit unseres Verstehens, elementar des Wahrnehmens:

Kraft der kontinuierlichen Dauer des Erlebens von Gegenwart erleben wir auch dieses unser Wahrnehmen. Dadurch werden wir dessen inne, daß es unter der Alternative steht, dem, was uns vorgegeben ist *als* von uns wahrzunehmen, angemessen oder unangemessen zu sein. Angemessenwahrgenommen ist das Wahrzunehmende, wenn wir es so nehmen, wie es uns in seinem dauernden Eigenwesen erschlossen ist.

Tatsächlich in diesem seinem bestimmten eigenen Wesen (in dieser seiner Eigenbewandtnis) erschlossen ist uns das von uns zu Verstehende, weil es uns erschlossen ist *als* dieses bestimmte, und d.h. innerhalb des Horizonts der dauernden Bedingungen, unter denen es in allen möglichen Fällen seines Gegebenseins in früherer und späterer Gegenwart steht, und einschließlich dieses Horizonts. Wir erleben die Gegenwart des von uns in seinem Eigenwesen zu verstehenden *als* solchen, indem wir sie als die gegenwärtige Erinnerung seines gleichartigen Gegenwärtiggewesenseins und als die gegenwärtige Verheißung seines gleichartigen Gegenwärtigseinwerdens erleben.[174]

Die Wahrnehmung entspricht dem erschlossenen Eigenwesen des Wahrzunehmenden und der damit erschlossenen Verheißung also dann, wenn sie er-

---

[174] Vgl. das oben zur erinnernden Repräsentation Gesagte.

wartungsvoll und erwartungsgeleitet nach ihm greift, und sie ist in dem Maße angemessen bzw. unangemessen, wie diese der Wahrnehmung inhärente Erwartung erfüllt bzw. nicht erfüllt wird.

Dies Erleben von Erwartungserfüllung bzw. Nichterfüllung ist also nur deshalb das Erleben von Angemessenheit der leitenden Erwartung bzw. ihrer Wahrheit, weil diese Erwartung eben kein freischwebender Entwurf ist, sondern aktive Wahrnehmung erlittener Verheißung. Diese Verheißung ist im Erleiden des Wesens des zu verstehen Gegebenen eingeschlossen. Angemessen, wahr, ist diejenige Wahrnehmung, die das erlittene und damit vorgegebene Wesen des Wahrzunehmenden und die in ihm liegende Verheißung in seiner gegeben eigenen Bestimmtheit begreift, und d.h. immer einschließlich einer Erwartung, die die im Wahrzunehmenden selber steckende Verheißung ergreift und kraft Zuverlässigkeit dieser Verheißung (!) dann auch erfüllt wird.

Soviel zur Alternative zwischen Angemessenheit und Unangemessenheit, Wahrheit und Falschheit, unter der unser Wahrnehmen unentrinnbar steht.

1.2 Dieselbe Unentrinnbarkeit gilt von seiner Leibhaftigkeit oder – wie man auch sagen kann – Ganzheitlichkeit. Wahrnehmen ist eine leibhafte Aktivität leibhafter Personen, die als solche personale-Individuen-in-Gemeinschaft sind. Wahrnehmen als Aktivität personalen Lebens kann es nur geben und gibt es nur als Aktivität personalen Zusammenlebens. Darin zeigt sich, daß die Bedingung allen möglichen Lebens – als intergenerativer organismischer Werdenszusammenhang da zu sein – eine notwendige Bedingung auch unseres personalen Lebens ist. Für unser Wahrnehmen heißt das: Es kann die Kommunikation von Wahrnehmung zwischen jedem Individuum und seinen Partnern nicht vermeiden. Es vollzieht sich notwendig in kommunikationsgestützter Form

1.3. Nimmt man die Bedingungen 1.1 und 1.2 zusammen, so ergibt sich: Wahrnehmen ist ein erwartungsvolles ganzheitliches Ergreifen der erlittenen Erschlossenheit des zu Verstehenden *als* dieses bestimmten. Und dieses Ergreifen wird unvermeidlich erlebt als mehr oder weniger angemessen oder nichtangemessen. Dabei wird dann das Erleben der Unangemessenheit zum Motiv für eine Steigerung der Angemessenheit der Erwartung an das wahre Wesen des zu verstehen Gegebenen; und da sich Einsicht in die Angemessenheit einer Erwartung erst a posteriori einstellt, wird dieses Streben zu einer Testpraxis führen, in der erstens aufgrund von schon als angemessen bekannten Erwartungen situationsgestaltende Maßnahmen ergriffen werden und zweitens nur solche, deren enttäuschender Ausgang erträglich ist. Dies alles vollzieht sich im Leibe, daher in Bezogenheit auf andere Personen und in Kommunikation mit anderen Personen. Das führt dann schließlich dazu, daß unsere Verstehensaktivität die Gestalt eines auch sozial – in Institutionen Gestalt gewinnenden – geregelten und gestalteten Zusammenspiels zwischen einer zielstrebigen Wissensproduktion aufgrund des Erlebens praktischer Wirklichkeitsgestaltung mit einer zielstrebigen Situationsgestaltungspraxis annimmt, die sich auf zielstrebig produziertes Wissen stützt.

Dies alles gilt auch für unsere entwickelten Verstehensaktivitäten, die unter dem Titel „Biologie" bekannt sind und die ihren Gegenstand jedenfalls in dem finden, was wir „Leben" nennen[175]. Hier kommt es uns nun darauf an, zu sehen, was dieses biologische Verstehen des Lebens ausmacht und was von der sich auf diese Erkenntnisse der Biologie stützenden technischen Gestaltung des Lebens gilt.

2. Zunächst also: Was gilt vom biologischen Verstehen des Lebens? Offenkundig ist es ein *Ausschnitt* aus unserer Wahrnehmung des Lebens, ein Ausschnitt, der sich durch drei Züge von anderen Weisen der Lebenswahrnehmung abhebt. Zunächst dadurch, daß er auf die Seite der theoretischen Wahrnehmung des Lebens gehört. Innerhalb dieses Ganzen hebt er sich dann durch eine bestimmte thematische Konzentration ab. Die Biologie erforscht das Ganze des innerkosmischen Lebensprozesses, einschließlich des menschlichen Lebens, soweit dessen Basis, die Organismen, *beobachtbar* sind. Was heißt „beobachtbar"? Beobachtbar sind Organismen, sofern ihr Prozedieren unsere eigenen Sinnesorgane von außen affiziert, also von uns empfunden wird.

Nun hatten wir uns aber klar gemacht, daß für uns nichts allein kraft Einwirkung auf unsere Sinnesorgane als es selbst zu verstehen gegeben ist, sondern immer erst dadurch, daß wir sein Erschlossensein für uns als von uns in seiner Eigenart zu Verstehendes erleiden, erst dadurch also daß wir es erleben. Weiter haben wir gesehen, daß in diesem Medium des Erlebens zwar stets auch Affektionen unseren Sinnesapparates mitlaufen, unser Erleben also durch Empfinden notwendig bedingt ist und Empfundenes zum Inhalt hat, daß es aber eben deshalb selber nichts Empfundenes ist und uns auch *mehr* als Empfundenes präsentiert. Es präsentiert uns das für uns in seiner Eigenbewandtnis von uns zu verstehen Gegebene *als* solches. Was immer uns erscheint *als* das so und so bestimmte, erscheint uns im Horizont der dauernden Bedingungen, unter denen es als individueller Möglichkeitsraum mit allen anderen gleichartigen Individuen zusammen ist. Die Erschlossenheit des einzelnen im Horizont des Gefüges seiner dauernden Bedingungen erleiden wir, durch diese Erschlossenheit ist uns das Gefüge der dauernder Bedingungen, unter denen das Bestimmte eben dieses ist,

---

[175] Ich sage, dass die Biologie ihren Gegenstand „in dem findet", was wir „Leben" nennen. Damit ist zunächst offen gelassen, ob die Biologie das Ganze des Lebensphänomens als ihren Gegenstand realisiert oder nur bestimmte Ausschnitte bzw. Aspekte und ob sie – wenn das letztere der Fall ist – diese ihre eigene Ausschnitthaftigkeit reflektiert in Rechnung stellt oder nicht, also den Ausschnitt für das Ganze hält und ausgibt.

vorgegeben, aber es ist von uns erlitten (uns vorgegeben) eben gerade nicht als ein empfundenes, sondern nur als ein von uns erlebte, und das heißt: als ein von uns in seiner Eigenbewandtnis angemessen zu verstehendes. Es gilt nicht nur „Niemand hat Gott je gesehen" (vgl. Ex 33,20), sondern auch „Niemand hat je die dauernden Bedingungen des Weltgeschehens und aller Prozesse in ihm gesehen"[176], und ebenso: „Niemand hat die unabweisbare Zumutung je gesehen, verantwortlicher Urheber von innerweltlichen Wahlen zwischen innerweltlichen Möglichkeiten seines Urheberseins sein zu müssen". Dies alles ist nicht gesehen, nicht empfunden, wohl aber für uns erschlossen und von uns erlebt als in seiner vorgegebenen Eigenart von uns zu verstehen.

Diese Situation stellt uns vor die Alternative, unser Erkenntnisstreben auf das Ganze des derart Erschlossenen und zu verstehen Gegebenen zu erstrecken oder auf das Empfundene einzuschränken. Fakt ist, daß es diese zuletzt genannte Einschränkung gibt. Fakt ist, daß sie für die neuzeitlichen Naturwissenschaft konstitutiv ist. Und Fakt ist, daß sie auch für die Biologie gilt.

Fakt ist jedoch auch, daß diese Einschränkung der Effekt einer Entscheidung ist, die in den Zusammenhang personaler Selbststeuerung gehört, also ein bestimmtes Motiv hat und eine bestimmte Absicht verfolgt, die erkennbar sind: Es ist genau der Bereich des Empfundenen, in den wir zielsicher eingreifen können, sobald wir die Bestimmtheit der Prozesse angemessen verstanden haben, die den Wechsel des Empfindens beherrschen. Das aber sind samt und sonders diejenigen Prozesse, deren Basis unser empfindender und empfindlicher, aber gleichzeitig auch von anderen zu empfindender, für sie sichtbarer Organismus ist. Soweit wir *dessen* Prozeß, *seine* Basis, *sein* Potential und *seine* Übergangsregeln, angemessen verstanden haben, können wir eingreifen in ihn, und zwar so daß wir dadurch unsere organismische Situation, unseren organismischen Lebensprozeß, und damit nicht zuletzt den Ablauf unserer Empfindungen zielsicher beeinflussen können. Wir können mit der organismischen Seite der Basis unseres Personlebens technisch umgehen.

Es ist eben dieses Ziel, welches die thematische Konzentration der gesamten neuzeitlichen Naturwissenschaft und auch der Biologie auf das Sichtbare veran-

---

[176] Es ist lediglich eine notwendige Bedingung für die Angemessenheit unseres Verstehens der Eigenbewandtnis des Vorgegebenen, dass unsere in solchem Verstehen implizierten Erwartungen auch die Erwartung bestimmter Sinnesaffektionen einschließen und als solche nicht enttäuscht werden. Und nicht empfunden, sondern nur für uns erlebnismäßig erschlossen als von uns angemessen zu verstehen ist nicht nur das Gefüge von Prozessbedingungen, dessen Dauer Gegenwart zu einem bestimmten Möglichkeitsraum macht, sondern auch die Unabweisbarkeit der Zumutung, verantwortlicher Urheber von Wahlen zwischen Möglichkeitsräumen des eigenen Urheberseins sein zu müssen, jener unabweisbaren Zumutung also, in der unser Personsein gründet.

laßt. Und dieses Ziel rechtfertigt und diese Konzentration auch in gewisser Hinsicht. Denn die technische Gestaltung des Lebens ist uns unabweisbar aufgegeben[177]. Gleichzeitig führt die Zuspitzung jedoch dazu, daß das Verstehen von Leben in der Biologie den Charakter eines Ausschnitts aus dem Gesamtzusammenhang des uns aufgegebenen Verstehens von Leben erhält; eines thematischen und eines methodischen Ausschnitts.

Thematisch gilt, daß bestimmte formale Aspekte des zu verstehen Gegebenen im Hintergrund bleiben und bestimmte materiale Aspekte ausgeblendet werden:

– Im Hintergrund verbleiben[178] die dauernden Bedingungen von Leben überhaupt[179], unter denen alle seine Stufen und Arten stehen und innerhalb deren sie ihre Eigenart gewinnen; im Vordergrund steht vielmehr die Bestimmtheit jeweils der besonderen Lebensprozesse, des pflanzlichen und seiner Arten sowie des animalischen und seiner Arten, darunter gerade des menschlichen Lebens.

– Ganz ausgeblendet werden alle diejenigen dauernden Bedingungen menschlichen Lebens[180], seiner Basis, seines Potentials und seines modus procedendi, die seine Bestimmtheit als *personales* Leben ausmachen.

Dementsprechend bleiben auch bestimmte Verfahren des zielstrebigen Verstehens von menschlichem Leben ausgeschlossen. Nämlich erstens dasjenige wissenschaftliche Streben, das auf die handlungsleitende Erkenntnis der dauernden Bedingungen des menschlichen *Person*lebens zielt, *seiner* Basis, *seiner* Potentiale und *seiner* modi procedendi, also das seit Dilthey „geisteswissenschaftlich", heute m. E. besser „kulturwissenschaftlich" genannte Erkenntnisstreben; sowie zweitens erst recht alle aus dem Alltagsleben stammenden Weisen des Verstehens unseres Lebens, seiner Basis, seiner Potentiale, und seines modus procedendi sowie seines terminus a quo und seines terminus ad quem.

Freilich verschwinden all diese thematische Richtungen und Vollzugsformen des Verstehens von Leben nicht einfach deshalb, weil sie im biologischen Verstehens des Lebens in den Hintergrund treten oder ausgeblendet werden. Sie bleiben als Elemente des realen lebensweltlichen Gesamtzusammenhangs unseres Lebensverstehens erhalten, den auch das biologische Verstehen von Leben nicht verlassen kann und von dem es abhängig bleibt[181]. Das biologische Verste-

---

[177] Das kann und braucht hier nicht weiter ausgeführt zu werden. Vgl. dazu E. Herms/A. Anzenbacher, Technikrisiken, in: ZEE 40 (1996) 5-22, bes. 5-14.

[178] Sie werden also nicht völlig ausgeblendet. Vgl. z.B. Bertalanffy (s.o. Anm. 21).

[179] Verstehe: Wie sie uns in der basalen Erschlossenheit von menschlichem Leben als solchem zu verstehen gegeben sind.

[180] Verstehe: die uns in der unmittelbaren Erschlossenheit der Eigenart unseres Lebens zu verstehen gegeben sind.

[181] Dieses unübersteigbare Eingebettetsein und Eingebettetbleiben aller wissenschaftlichen Praxis in die Matrix unsere personalen Lebenswelt hat aufgewiesen E. Husserl, Die Krisis der

hen bleibt abhängig von Hintergrundannahmen über die allen Stufen und Arten
von Leben gemeinsamen Bedingungen; es bleibt abhängig von den abgeblende-
ten Zügen der Bestimmtheit unseres Lebens als leibhaftes Personleben, es bleibt
bezogen auf das kulturwissenschaftliche Bemühen um Erkenntnis der dauernden Bestimmtheit dieses unseres leibhaften Personlebens und seiner verschiedenen geschichtlichen Ausprägungen[182], und vor allem: Es bleibt auch abhängig
von Verständnissen unseres Lebens, die aus der Verarbeitung von Alltagserfahrung mit unserem Zusammenleben stammen, in die alle wissenschaftliche Erkenntnis des Lebens eingebettet bleibt, in der Biologie ebenso wie in den Kul-
turwissenschaften. Es sind diese vorwissenschaftlichen Verständnisse der
Grundzüge (der dauernden Bedingungen) von Leben, die alle diese verschiedenen Formen von Wissenschaftspraxis motivieren und orientieren. Sie sind es, die
ihnen allererst die Bedeutung und Relevanz für das menschliche Zusammenleben geben, die ihr soziales Ansehen und die Bereitschaft der Öffentlichkeit begründen, sie zu fördern und zu unterstützen.

Diese Abhängigkeit und Bedingtheit besteht immer. Freilich ist sie entweder
eine bloß faktische und implizite, oder sie wird im Betrieb der wissenschaftlichen Erforschung von Leben, hier der biologischen, selbst reflektiert und damit
explizit bewußt. Dies letztere bringt eine Reihe von Vorteilen mit sich, von denen
ich hier wenigstens zwei nenne:

Erstens ist es vorteilhaft, wenn bewußt bleibt, *daß* bestimmte Aspekte dessen,
was unserer gesamten Verstehensaktivität als ihr Grund und Gegenstand vorgegeben ist, in einem bestimmten Verstehensversuch, etwa dem der Biologie, ausgeblendet bleiben, und: *welche* Aspekte das sind. Es ist vorteilhaft, wenn bewußt
bleibt, daß uns die Bestimmtheit unseres Lebens als leibhaftes Personleben vor
jeder eigenen Verstehensaktivität als durch uns zu verstehen vorgegeben ist, daß
uns damit auch die notwendigen organismischen Bedingungen unseres Personlebens in ihrer Eigenart im Kontext allen organismischen Lebens als durch uns
zu verstehen vorgegeben sind, daß wir eine thematische Konzentration unseres
wissenschaftlichen Erkennens auf diese notwendigen Bedingungen unseres Personlebens vornehmen können, und daß sie in der Biologie tatsächlich vorgenommen wird, so daß uns der Erkenntnisweg dieser Einzelwissenschaft daher
just die Aussicht auf Erkenntnis dieser notwendigen Bedingungen unseres Personlebens eröffnet und auf nichts sonst. So nämlich ersparen wir uns und der
Öffentlichkeit die illusionäre Erwartung, durch Beantwortung der Frage nach

europäischen Wissenschaften und die transzendentale Phänomenologie (1935), Husserliana
VI, ²1962.

diesen notwendigen Bedingungen unseres Personlebens schließlich die Erkenntnis seiner hinreichenden Bedingungen zu erhalten.

Und zweitens ist es auch vorteilhaft, explizit zu wissen, daß das gesamte wissenschaftliche Streben nach Erkenntnis des Lebens wie all unser Handeln jeweils im Horizont einer Überzeugung von der dauernden Bestimmtheit unseres eigenen und allen menschlichen Lebens steht, die aus dem Ganzen der Alltagserfahrung stammt und unser Handeln motiviert und orientiert. So wird nämlich der Eindruck vermieden, als würde die Frage nach der Übereinstimmung des wissenschaftlichen Erkenntnisstrebens, hier des Erkenntnisstrebens der Biologie, mit der vorgegeben Bestimmtheit und Zielstrebigkeit unseres Personlebens von außen an den Wissenschaftsbetrieb herangetragen, während ihm doch re vera selbst immer schon eine Antwort auf genau diese Frage zugrundeliegt. Und zwar eine Antwort, die jeweils aus einer bewährten Gesamtwahrnehmung dessen stammt, was uns erlebnismäßig zu verstehen gegeben ist, und die daher auch dann mehr ist als eine wissenschaftliche (hier: biologische) Antwort, wenn sie allen aus der Biologie stammenden Erkenntnissen Raum gewährt und keiner widerspricht.

Aus diesem vor- und transwissenschaftlichen Gesamtverständnis des Lebens und nicht etwa aus der Biologie selbst stammt auch die – schon berührte – Einsicht in die Nützlichkeit der biologischen Erkenntnis just als einer solchen, die sich auf die Prozesse der beobachtbaren Organismen richtet, einschließlich des menschlichen. Sie trägt bei zur zunehmend angemessenen Symbolisierung von Prozessen, die eine notwendige Bedingung unseres Personlebens sind, und verbessert eben damit auch unsere Möglichkeiten des angemessenen eigenen Umgang mit diesen notwendigen Bedingungen unseres Personlebens, der uns gerade als Personen unabweisbar zugemutet ist. Damit ist unser drittes Teilthema erreicht.

3. Gestalten des Lebens

Wir haben gesehen: Indem wir die Erschlossenheit des Lebens erleiden, erleiden wir auch die unabweisbare Zumutung, es selbst aktiv zu verstehen. Der elementare Akt dieses Verstehens ist die ganzheitliche Wahrnehmung. Diese Ganzheitlichkeit des Verstehens kann nur durchgehalten werden im Zusammenspiel eines Erkennens des Lebens, dessen Angemessenheit zunimmt durch die Verarbeitung von Praxiserfahrung, und einer praktischen Lebensgestaltung, deren Angemessenheit zunimmt durch Stützung auf angemessene Erkenntnis.

---

[182] Es bleibt darauf bezogen, auch wenn keine oder nur minimale Kommunikation zwi-

Die Besinnung auf das angemessene Verstehen des Lebens als Erkennen des Lebens haben wir hinter uns. Jetzt haben wir uns auf die angemessene Gestaltung des Lebens zu besinnen.

Die notwendige Bedingung einer solchen angemessenen Gestaltung des Lebens ist jedenfalls die Orientierung an angemessener Erkenntnis des Lebens. Folglich ergeben sich nach dem Gesagten vier Anforderungen an eine angemessene Gestaltung des Lebens:

1. Die erst Bedingung ist ihre Orientierung an einem Gesamtverständnis der uns zu verstehen gegebenen dauernden Bestimmtheit unseres Lebens, der dauernden Bedingungen, denen alle möglichen Zustände des Menschenlebens unterliegen, also ein Verständnis seines dauernden terminus a quo, seiner darin gesetzten Basis, seines Potentials, seines modus procedendi und seines in dem allen ebenfalls schon mitgesetzten terminus ad quem.   .

Antworten auf diese Fragen werden gesucht und gegeben in der Fundamentalanthropologie. Wenn also die Orientierung an derartigen Einsichten für eine angemessene Gestaltung des Lebens notwendig ist, so sind dafür eben fundamentalanthropologische Einsichten notwendig.

Kraft der erlittenen Erschlossenheit unseres Lebens für uns als in seiner dauernden Bestimmtheit von uns zu verstehen ist überhaupt kein Vollzug der uns damit unabweisbar zugemuteten eigenverantwortlichen Wahrnehmung unseres Lebens möglich, der sich nicht im Horizont der vorgegebenen Bestimmtheit des Möglichkeitsraums unseres Lebens vollzöge, durch ihn orientiert und motiviert, der nicht ein reflektierendes Begreifen der vorgegeben Bestimmtheit der dauernden Bedingungen allen möglichen Menschseins wäre, und der sich daher nicht schließlich auch an seinem als angemessen erlebten Resultat, also am bewährten Begriff der vorgegebenen Bestimmtheit des Möglichkeitsraums unseres Lebens, und d.h. Werdens, orientieren müßte.

Daran ändert die Tatsache nichts, daß alle Begriffe von dieser vorgegebenen Bestimmtheit des Möglichkeitsraums unseres Werdens aposteriorische Resultate fehlbarer Reflexion sind, daß sie also selbst im Werden sind und bleiben – mit der Folge, daß wir nicht nur als einzelne von der Abfolge verschiedener, jeweils verbessernd auf früheres bezogener Überzeugungen vom Möglichkeitsraum unseres Werdens bestimmt sind, sondern daß wir ebenso auch unser Zusammenleben, die Gattung, einer solchen Bildungsgeschichte ihres Selbstverständnisses unterworfen finden. Weil wir uns erschlossen sind als ein bestimmtes Werden, kann auch unsere Wahrnehmung nur ein werdendes Erfassen der Bestimmtheit

schen Biologie und Kulturwissenschaft stattfindet.

unseres Werdens sein. Es kann folglich auch nur eine Pluralität von Resultaten liefern. Aber in dieser Pluralität von Begriffen der vorgegebenen Bestimmtheit unseres Werdens manifestiert sich nicht Beliebigkeit, und zwar genau insofern nicht, als jedes Element dieser Vielzahl von fundamentalanthropologischen Auffassungen der dauernden Bedingungen menschlichen Personlebens den Anspruch der Wahrheit erhebt, also den Anspruch der Angemessenheit an die vorgegebene Bestimmtheit unseres Werdens (also an diejenige vorgegebene Bestimmtheit des menschlichen Personlebens, die ihrerseits die Pluralität von Auffassungen dieser Bestimmtheit ermöglicht und umgreift). Daß jede fundamentalanthropologische Überzeugung einen solchen Wahrheitsanspruch für sich selbst erhebt, das blockiert nicht ihre Verträglichkeit mit anderen, sondern eint gerade umgekehrt: Der Wahrheitsanspruch, den solche Auffassungen erheben, ermöglicht gerade solche Verträglichkeit. Denn er begründet ihre Verständigungsfähigkeit. Das tut er, indem gerade er – dieser Wahrheitsanspruch – jede Position auf die ihr erschlossene und damit *vorgegebene* Bestimmtheit der Möglichkeitsräume des Werdens *relativiert* und diese vorgegebene Bestimmtheit anerkennt als nicht nur ihr, sondern zugleich auch allen anderen Überzeugungen, die wahr sein wollen, vorgegeben und sie alle richtend.

So hat sich unsere Lebensgestaltung also jeweils an demjenigen Begriff von der Bestimmtheit des Möglichkeitsraums unseres Werdens zu orientieren, der dem Aktanten als wahr präsent, und d.h. gewiß ist – und dies unbeschadet der Tatsache, daß mit dieser Gewißheit der Wahrheitsanspruch anderer Auffassungen konkurriert.

Hier gehen wir von dem Fall aus, daß der zur Gewißheit gebrachte Begriff von der Bestimmtheit des Möglichkeitsraums unseres Werdens der christliche ist. Auch er ist natürlich das Resultat reflektierender Wahrnehmung der erschlossenen Bestimmtheit des Möglichkeitsraums unseres Werdens. Und zwar nimmt er wahr, daß sowohl die Bestimmtheit des Möglichkeitsraum innerweltlichen Werdens insgesamt als auch die jeweilige Bestimmtheit aller innerweltlichen Möglichkeitsräume im einzelnen erschlossen ist als nicht durch Zufall etabliert und dauernd, sondern durch die sie schaffende und erhaltende Wahlaktivität eines externen – welttranszendenten – Urhebers, des Schöpfers, und durch die zuverlässige Bestimmtheit von dessen eigenem schöpferischen Leben und Prozedieren durch ihn selber. Folglich erfaßt der christliche Begriff die *Bestimmtheit* zunächst des gesamten Möglichkeitsraums allen innerkosmischen Werdens, dann aber auch die Bestimmtheit aller einzelnen innerkosmischen Möglichkeitsräume des Werdens und schließlich ebenso auch die Bestimmtheit ihres Gefüges, in welchem ältere Bestimmtheiten jeweils dauern als die Möglichkeistbedingung für

jüngere, zugleich als die *Bestimmung* dieses ganzen Gefüges von Möglichkeitsräumen. Er erfaßt schon den terminus a quo des Werdens in jedem dieser Möglichkeitsräume als hinzugehörig zur Realisierung des terminus ad quem dieses
Werdens und an der Eigenart des sich von diesen terminus a quo zu jenem terminus ad quem erstreckenden Werdens Teil habend. Die christliche Gewißheit
begreift die Wahl und Erhaltung der Bestimmtheit zunächst des innerkosmischen Werdens im ganzen, dann aber auch die Wahl und Erhaltung der Bestimmtheit der einzelnen innerkosmischen Möglichkeitsräume des Werdens und
damit zugleich auch die Wahl und Erhaltung der Bestimmtheit des Gefüges dieser Möglichkeitsräume als den Beginn der Realisierung ihres terminus ad quem
und damit als schon zu dessen Realisierung hinzugehörig – also hinzugehörig
zur Setzung und Erhaltung der Bestimmtheit des Möglichkeitsraums menschlichen Werdens, für das es als Werden leibhafter Personen wesentlich ist, bestimmt zu sein zur Selbstbestimmung, also Leben zu sein im Horizont personalen Prozedierens. Und dementsprechend wird auch der terminus a quo dieses
unseres Werdens als Menschen – das ist: die Setzung seiner Basis, seines Potentials und seiner Übergangsregel – begriffen als der Beginn – und damit als hinzugehörig zu – der Realisierung seines terminus ad quem: der vollendeten Gemeinschaft des geschaffenen, leibhaften Lebens der geschaffenen Personen mit
dem schöpferischen Leben Gottes.

So gilt also: Der christliche Begriff der vorgegebenen Bestimmtheit des Möglichkeitsraums kosmischen Werdens im ganzen und der innerhalb dessen vorgegebenen Bestimmtheit des Möglichkeitsraums unseres Werdens erfaßt das
Vorgegebensein dieser Bestimmtheit als ipso facto zugleich eine bestimmte Zumutung ein schließend. Diese Zumutung lautet: Der terminus a quo des Werdens menschlichen Personlebens ist wahrzunehmen als selbst schon zur Realisierung seines terminus ad quem hinzugehörig.

Solches Wahrnehmen vollzieht sich als aktiver Umgang mit dem wahrzunehmenden Möglichkeitsraum menschlichen Werdens, der dessen vorgegebener
Bestimmtheit angemessen ist. Im Lichte des christlichen Begriffs herrscht diese
Angemessenheit nur dann, wenn schon der terminus a quo unseres Werdens als
geschaffen anerkannt wird, und zwar so, daß schon er auf den terminus ad
quem diese Werdens hingeordnet ist, und damit der letztere auch schon in jenem anerkannt wird. Soviel zur ersten Anforderung an eine angemessene Gestaltung des Lebens: zu seiner Orientierung am jeweils als wahr präsenten Gesamtverständnis der Bestimmtheit des Möglichkeitsraums unseres Werdens und
seiner schon in dieser *Bestimmtheit* stehenden *Bestimmung*.

2. Zweitens muß in solcher Orientierung dem konkreten individuellen Vollzugsort unserer Lebensgestaltung Rechnung getragen werden. Das ist die jeweilige Handlungsgegenwart mit ihren spezifischen geschichtlichen (empirischen) Zügen und Herausforderungen. Angemessen ist daher nur eine Gestaltung des Lebens, die folgende Leistungen gleichzeitig erbringt:

– Erstens diagnostiziert sie die in der jeweiligen geschichtlichen Handlungsgegenwart begegnenden besonderen Herausforderungen hinsichtlich ihrer Eigenart im Horizont jenes Gesamtverständnisses der universalen Bedingungen des menschlichen Personlebens;

– zweitens erfaßt sie, welche Weisen des Umgangs mit den Herausforderungen der Situation jeweils jetzt wählbar sind;

– drittens beurteilt sie diese jetzt wählbaren Umgangsweisen hinsichtlich ihres erwartbaren Beitrags zur Erreichung der vorgegebenen Bestimmung des menschliche Werdens und erkennt kraft dieser Beurteilung den unter diesem Gesichtspunkt vorzugswürdigen Schritt;

– viertens vermag sie diesen als vorzugswürdig erkannten Schritt dann auch sicher zu vollziehen.

3. Um angemessen zu sein, muß aber das Erkennen und Lösen aktueller Aufgaben der Lebensgestaltung noch eine dritte Bedingung erfüllen: Sie muß der Stellung und Funktion der jeweiligen einzelnen Gestaltungsaufgabe im Gesamtzusammenhang der verschiedenen leistungsspezifischen Aufgabengebiete gerecht werden, die in unserem Zusammenleben gleichzeitig zu erfüllen sind.[183] Angemessen ist die Lösung einer konkreten kulturellen, politischen, wirtschaftlichen oder wissenschaftlichen oder technischen Gestaltungsaufgabe nur, wenn sie im Bewußtsein ihres tatsächlichen Eingebettetseins in das Ganze dieses Gefüges interdependenter Aufgabengebiete vollzogen wird, und so, daß dadurch die angemessene Lösung der Aufgaben in diesen anderen Leistungsgebieten wenigstens nicht erschwert, möglichst sogar erleichtert wird. Lebensgestaltung, die von diesen Rücksichten frei ist, kann nicht angemessen sein.

4. Und damit kommt eine vierte und letzte hier zu nennende Bedingung für die Angemessenheit unserer Lebensgestaltung in den Blick: Unsere Lebensgestaltung wird ihrem interaktionellen Charakter und ihrer intersystemischen Verantwortung nur gerecht, wenn sie – in welchem besonderen Leistungsgebiet sie auch angesiedelt sein mag – jedenfalls stets zwei Arten des Handelns miteinander verbindet:

---

[183] Vgl. dazu E. Herms, Die Lehre von der Schöpfungsordnung, in: ders., Offenbarung und Glaube, 1992, 431-456.

– einerseits die Unterhaltung und Optimierung einer leistungsspezifischen Interaktionsordnung (Ordnung des Zusammenlebens, der Gesellschaft) und zugleich

– andererseits die Sicherstellung der organischen Bedingungen des Gattungslebens im innerkosmischen Gefüge der praepersonalen Prozesse.[184]

Beide Weisen des Handelns bedingen sich gegenseitig und kommen nicht getrennt vor. Daher beziehen sie ihre *Zielorientierung* auch aus derselben Quelle: aus der Ausrichtung auf die in der vorgegebenen *Bestimmtheit* unseres Lebens zugleich vorgegebene – und jeweils mehr oder weniger angemessen erkannten – *Bestimmung* unseres Lebens. Aber ihre Zielsicherheit gewinnen beide Handlungsweisen auf charakteristisch verschiedene Art. Die Unterhaltung und Verbesserung von leistungsspezifischen Interaktionsordnungen gewinnt sie durch Beachtung der jeweils bekannten Wirkungsbedingungen kommunikativer Akte, während sie die Sicherstellung und Verbesserung der organischen Bedingungen des Gattungslebens gewinnt durch Beachtung der bekannten Wirkungsbedingungen von konditionierenden Eingriffen in Stoffwechselprozesse sowie in Prozesse chemischer und physischer Reaktion. Angemessen kann nur eine Weise der Lebensgestaltung sein, die das Ineinander beider Techniken nicht überspringt, sie nicht gegeneinander isoliert, aber erst recht nicht miteinander verwechselt oder die eine gegen die andere ausspielt.

Soweit die vier Bedingungen einer Gestaltung des Lebens, die angemessen ist, weil sie auf angemessener Erkenntnis des Lebens beruht und darum auch das Angenehme der Aesthesis des Lebens, der Wahrnehmung, daß man lebt, nicht beeinträchtigt, sondern steigert.

4. Konsequenzen für die gegenwärtige ethische Debatte
über den vorzugswürdigen Umgang mit der organismischen Seite unseres Lebens

Vor dem Hintergrund dieser Sicht der Wahrnehmung des Lebens, seiner angemessenen Erkenntnis und Gestaltung, fallen dann freilich an der gegenwärtigen öffentlichen ethischen Debatte um Erkenntnis und Gestaltung des Lebens eine Reihe von Zügen auf, die nur als gravierende Mängel beurteilt werden können.

1. Was in dieser Debatte fehlt, ist erstens die Besinnung auf den Gegenstandsbezug der gesamten Rede von „Leben". Es fehlt jede Besinnung darauf, wie das, was dieser Ausdruck bezeichnet, für uns als etwas von uns zu verstehendes gegeben ist; und folglich auch die Besinnung auf die phänomenale Komplexität des

uns zu verstehen Gegebenen, das der Ausdruck „Leben" bezeichnet. Niemand scheint der Tatsache inne zu sein, daß nur kraft des Erlebens – des unmittelbaren Erschlossenseins – unseres je eigenen Lebens und nur in seinem Horizont (also auch nur in Bezogenheit auf es) überhaupt das für uns als von uns wahrnehmbar, verstehbar, wissenschaftlich erkennbar und gestaltbar da ist, was wir „Leben!" nennen.

Daher ist zunächst die öffentliche Debatte über „Leben" und über die auf es gerichtete Wissenschaft, die „Biologie", von schwerwiegenden Mängeln belastet; aber ebenso auch das Selbstverständnis der Biologie selbst: Weder in der öffentlichen Debatte noch in der Biologie selbst gibt es ein explizites Bewußtsein davon, daß die Konzentration allein auf die organismische Basis unseres Personlebens das Resultat einer Abstraktion ist von den nicht beobachtbaren, sondern nur verstehbaren Bedingungen unseres Personlebens, die dies – eben verstehbar – sind allein kraft ihres unmittelbaren für uns Erschlossenseins-als-von uns zu verstehende. Eine Besinnung auf diese dauernde Bedingung des Wissenschaftsbetriebs – das für-uns-Gegebensein-des-von-uns-zu-erkennenden-als-solchen –, die vor jedem Akt einer auf das sinnlich Gegebene Forschung gegeben ist, ihn allererst ermöglicht und darum auch von keinem derartigen Akt eingeholt, geschweige denn überholt wird, fehlt.

Es fehlt folglich auch die Besinnung auf das Eingebettetsein des gesamten Betriebs der Lebenswissenschaft in die alltägliche Lebenswelt. Es fehlt die Besinnung auf die fundamentalanthropologischen Überzeugungen über dauernde Bestimmtheit des menschlichen Personlebens, seinen terminus a quo, seinen terminus ad quem, die aus der alltäglichen Lebenswelt stammen und in ihr wirksam sind, indem sie den Wissenschaftsbetrieb motivieren und orientieren, ihm in den Augen der Menschen Relevanz, Ansehen und Unterstützung verleihen. Und folglich fehlt auch die Besinnung auf den Gesamtzusammenhang der verschiedenen gleichursprünglichen Leistungsbereiche, deren Bedienung von uns durch die dauernde Bestimmtheit unseres leibhaften Personlebens verlangt wird, und die Besinnung darauf, daß Biologie und Lebenstechnik in diesen Gesamtzusammenhang eingebettet sind und relativ auf alle seine Glieder.

2. Diesen Reflexionslücken entspricht ein konsequenter Begriffsnominalismus. Allen Einsichten und Aussagen, die nicht Beschreibung von Empfundenem (sinnlich Gegebenem) oder die Formulierung von (im Bereich des sinnlich Gegebenem) hinreichend prognosekräftigen und technisch auswertbaren Geschehensregeln sind, wird Gegenstandsbezogenheit und Wahrheitsfähigkeit abge-

---

[184] Nicht gleich Differenz Praxis/Poiesis; auch nicht gleich Differenz: Interaktion mit anderen Personen/Interaktion mit der Natur.

sprochen. Konzepte der dauernden Bedingungen des Werdens, der Bestimmt-heit und der Zielstrebigkeit ihres Dauerns werden als Produkte einer kulturellen Evolution ausgegeben, die ihrerseits als Verlängerung der kosmischen – physi-schen, chemischen, organismischen – Evolution vorgestellt und ausgegeben wird.[185] Aus dem angedeuteten Reflexionsmangel resultierend verstrickt diese Position sich in eine unkontrollierte Verwendung des Evolutionskonzepts, die zwei Fehler aufweist:

Erstens wird nicht konsequent ernstgenommen, daß Evolution – wie umfang-reich und wie komplex sie sein mag – jedenfalls nur als ein Kontinuum möglich ist und somit nur innerhalb einer Bestimmtheit von Bedingungen, die nicht aus den evolutionären Schritten folgt, die diesen Bedingungen unterliegen, sondern allen möglichen derartigen evolutionären Schritten vorgegeben ist und sie alle überdauert und umgreift. Folglich kann eine Evolutionstheorie nur wahr sein, wenn auch Auffassungen von den dauernden (invarianten, allgemeinen) Bedin-gungen des evolutionären Prozesses, oder: Auffassungen des Möglichkeitsraums der Evolution, wahr sein können. Dies zu bestreiten, heißt entweder, das Evolu-tionskonzept mit einem Widerspruch zu belasten (Bedingungen, die das evoluti-onäre Kontinuum ermöglichen, werden als das Resultat eben dieses Kontinuums ausgegeben), oder es seiner Bestimmtheit zu berauben (Evolution nicht als Kon-tinuum des Werdens unter identischen Bedingungen zu denken).

Zweitens verfehlt die angedeutete Position aber auch die Komplexität des evo-lutionären Kontinuums. Diese Komplexität ergibt sich daraus, daß innerhalb derjenigen Bestimmtheit von Bedingungen, deren Dauer das Kontinuum als ganzes begründet, selbst wiederum neue Bedingungskonstellationen auftreten, deren Bestimmtheit dauert und dadurch innerhalb jenes älteren Kontinuums ein neues Kontinuum unter Bedingungen mit höherer Bestimmtheit etabliert. Die Rede von der kulturellen Evolution als Fortsetzung der kosmischen, chemischen, organismischen bleibt solange vollkommen unklar, wie nicht geklärt wird, wie sich die dauernden Bedingungen der präkulturellen Evolution auf der einen und der kulturellen Evolution auf der anderen bestimmt sind.

3. Mit dieser Folge der unter Nr. 1 genannten grundlegenden Reflexionslücke verbindet sich sofort eine weitere: Es wird nicht mit der prozessualen Verfas-sung der Gegenwart und des Gegenwärtigen ernstgemacht. Aufgrund dieser radikalen Prozessualität der Gegenwart und des Gegenwärtigen begegnet Be-stimmtheit ausschließlich als die Bestimmtheit der Bedingungen, unter denen

---

[185] Typisch: H. Markl, Von Caesar lernen heißt forschen lernen, in: FAZ, 25.6.2001, S. 52. Und so dann auch die Stellungnahme „Pluralismus als Markenzeichen" einer Gruppe von protestantischen Ethikern, in: FAZ, 23.1.2002, S. 8.

ein individuelles Kontinuum des Werdens steht: als Bestimmtheit seiner Basis, seines Potentials und seiner Übergangsregel und damit auch als Bestimmtheit seines terminus a quo, seines terminus ad quem und der Bewegung von jenem zu diesem. Natürlich treten auch innerhalb eines solchen, durch die dauernde Bestimmtheit seiner Bedingungen identischen (von anderen unterschiedenen) einzelnen Prozeßkontinuums[186] bestimmte Resultate auf: nämlich gewordene Bestimmtheiten der Basis. Aber diesen Resultaten eignet überhaupt keine Selbständigkeit, ihr Gewordensein begründet keine Dauer, sondern verbleibt im Werden, in ständiger Überholung im Kontinuum weiterer evolutionärer Schritte; die Bestimmtheit der Resultate ist nur Manifestation der Bestimmtheit des gesamten Prozeßindividuums. Das wird verkannt, wo die Bestimmtheit sinnlich wahrnehmbarer Prozeßresultate als die Bestimmtheit von Seiendem aufgefaßt und behandelt wird. Die Bestimmtheit von Seiendem ist ausschließlich die Bestimmtheit seines Werdens.

4. Der exemplarische Fall dieses Fehlers in der gegenwärtigen öffentlichen Debatte über das Leben, über seine Erforschung in der Biologie und seine technische Gestaltung ist die Frage nach dem moralischen „Status" des Embryos: Der Embryo ist jedenfalls ein frühes Resultat in demjenigen Werden, das jeder einzelne Mensch ist, identifiziert durch die individuelle, unverwechselbare Bestimmtheit seiner Basis, seines Potentials und seiner Übergangsregel, also auch durch den terminus a quo, den terminus ad quem und die Art der Bewegung von jenem zu diesem. Als ein derartiges Resultat besitzt er keine Selbständigkeit, ist er kein Seiendes, sondern nur ein wesentlicher Durchgangspunkt im Werden eines Menschen, das dessen Sein ausmacht. Als derartiger Durchgangspunkt im Leben jedes einzelnen Menschen besitzt er überhaupt keinen selbständigen Status gegenüber anderen Durchgangspunkten.

Dies verkennt die Frage nach dem „moralischen Status des Embryos". Sie macht nur Sinn unter einer irrigen Voraussetzungen: nämlich unter der Voraussetzung, daß das Sein des Menschen nicht die Einheit seines Werdens ist, sondern irgend ein innerhalb dieses Werdens gewordenes Resultat. Nur dann wird die Unterscheidung der vielen Resultate wichtig, und nur dann kann auch die Frage wichtig werden, wie die unterscheidbaren und unterschiedenen Resultate sich zueinander verhalten, und dies genau unter dem Gesichtspunkt, wie sie sich zu demjenigen Gewordensein verhalten, das allererst als „Mensch" anerkannt wird.

Diese ganze Betrachtungsweise verkennt, daß das Sein des Menschen nur sein Werden ist, daß die Bestimmtheit seines Seins diejenige Bestimmtheit der Basis,

---

[186] Zu diesem Konzept vgl. oben S. 24.

des Potentials und der Übergangsregel ist, unter der sein Werden von Anfang bis Ende steht, und daß an dieser dauernden Bestimmtheit des Werden jedes innerhalb dieses Werdens erreichte Resultat Anteil hat; jedes Resultat manifestiert nur dieses Werden. Was immer dem Menschen zugesprochen wird, muß diesem bestimmten Werden zugesprochen werden: Was für den Menschen wesentlich ist, ist für dieses Werden wesentlich. Wenn für den Menschen Würde wesentlich ist, ist sie für dieses Werden wesentlich. An der Qualität und Würde dieses Werdens haben dessen Beginn und Ende sowie jeder Durchgangspunkt dazwischen teil. Das Wesen und die Würde des Werdens, in welchem jeder Mensch er selber ist, auf einzelne Resultate oder Phasen dieses Werdens einzuschränken, kann nur entweder die Folge eines Irrtums sein, der das bestimmte Sein des Menschen nicht in der Bestimmtheit seines Werdens sieht, oder Ausdruck barer Willkür, die die bestimmte Einheit dieses Werdens willkürlich zerreißt.

Das hat Konsequenzen für die Anwendung des Konzepts der „Menschenwürde". Damit ist die Würde gemeint, die jedem Menschen bloß als solchem zukommt, ohne Rücksicht auf biologische, psychische und soziale Qualifikationen. Nach dem Gesagten gilt dann:

– Die Würde des Menschen ist die Würde eines bestimmten Werdens,

– und zwar diejenige Würde, die dem ungeteilten Ganzen und nicht nur bestimmten Phasen dieses Werdens eignet, schon seinem Beginn, seinem terminus a quo, wie noch seinem Ende, dem terminus ad quem.

Natürlich ist die skizzierte Einsicht, daß das Sein des Menschen sein Werden ist, und die skizzierte Fassung des Begriffs der Menschenwürde das Resultat eines geschichtlichen Bildungsprozesses. Daß sie geteilt und anerkannt werden, ist nicht selbstverständlich. Auch andere Auffassungen sind möglich. Aber: keine Überbietungen, sondern nur Rückschritte und Verkürzungen. Es ist möglich, die respektheischende Identität des Menschseins nicht schon in der Bestimmtheit der Bedingungen unseres personalen Lebens zu sehen, sondern erst und nur in irgendwelchen seiner Phasen; es ist möglich die Würde des Menschen entsprechend einzuschränken. Aber es ist auch möglich schon in der Bestimmtheit der Bedingungen des Werdens eines Menschen seine Identität anzuerkennen, vor und dann auch einschließlich ihrer werdenden und schließlich vollendeten Gestalt; und es ist möglich schon in ihr die Würde des Menschseins zu respektieren, vor und einschließlich der prozessualen Ausgestaltung dieser Identität und nicht erst nach und aufgrund ihrer.

In christlicher Perspektive, für die das Sein und die Würde der Person schon und allein in der Bestimmtheit ihres Werdens durch den Schöpfer gründet, und nicht in späteren Ausgestaltungen, kommt nur die erste Sicht in Betracht. Indem diese Sicht die Identität des einzelnen Menschen und seine Würde schon in der Bestimmtheit der Bedingungen seines Werdens anerkennt, respektiert sie zugleich auch schon die Bestimmtheit der Bedingungen aller möglichen Resultate der menschlichen Geschichte. Das schließt den Respekt vor allen Hervorbringungen der menschlichen Geschichte ein – sofern diese sich nicht gegen ihre eigenen Möglichkeitsbedingungen kehren.

Wir stehen heute vor der Frage, ob wir diesen Respekt aufbringen können. Wie es angesichts der Verschiedenheit und der Konkurrenz von in der Geschichte gewordenen kulturellen Standards zu einer Verständigung zwischen den Kulturen kommen soll, die den clash of cultures vermeidet, wenn nicht in allen Kulturen ein solcher Respekt schon gegenüber der Bestimmtheit der Bedingungen des Werdens von Einzelmenschen und der Ausgestaltungen ihres Zusammenlebens entsteht, – das ist überhaupt nicht abzusehen.